铁路青年教育书系

京铁关工人讲述老故事

中国铁路北京局集团有限公司关工委　编

U0650470

中国铁道出版社有限公司

2022年·北京

图书在版编目（CIP）数据

京铁关工人讲述老故事/中国铁路北京局集团有限公司
关工委编. —北京：中国铁道出版社有限公司,2022.9
（铁路青年教育书系）
ISBN 978-7-113-29713-8

Ⅰ.①京…　Ⅱ.①中…　Ⅲ.①铁路线路-史料-华北地区
Ⅳ.①F532.7

中国版本图书馆 CIP 数据核字（2022）第 185691 号

书　　名：**京铁关工人讲述老故事**
作　　者：中国铁路北京局集团有限公司关工委

责任编辑：马真真　　　　　　　　　　编辑部电话：(010)51873698
装帧设计：刘　莎
责任校对：孙　玫
责任印制：赵星辰

出版发行：中国铁道出版社有限公司（100054,北京市西城区右安门西街 8 号）
印　　刷：北京柏力行彩印有限公司
版　　次：2022 年 9 月第 1 版　　2022 年 9 月第 1 次印刷
开　　本：710 mm×1 000 mm　1/16　印张：15　字数：175 千
书　　号：ISBN 978-7-113-29713-8
定　　价：45.00 元

编　委　会

前　言

　　为喜迎党的二十大胜利召开，按照全路关工委开展老铁路人讲述铁路老故事主题宣传教育活动的要求，中国铁路北京局集团有限公司（以下简称北京局集团公司）关工委于2021年下发了《关于在全局征集"京铁老故事"的通知》，开展了党史学习教育、老少共话党的历史和铁路发展史的活动。各级关工委积极响应，迅速行动，广泛征集。老领导、老同志，特别是广大"五老"（老干部、老党员、老专家、老工匠、老模范）亲自动手收集资料，撰写稿件，筛选照片，共征集老故事76篇，我们从中选择43篇编辑成册。本书就是一部由"五老"呕心沥血打造的哲思隽永的京铁优良传统和精神教育故事汇。

　　本书中，"五老"通过"故事中的我"，讲述了在铁路艰苦创业、改革发展巨大变化中的感受，从各个角度全方位呈现了北京局集团公司的发展历程，以及京铁人的奋斗故事。这些老故事大都是老同志们的亲身经历，也是京铁人风雨历程的缩影和写照，真实感人，具有很强的说服力、感染力。其中，有些内容具有很重要的史料价值，是帮助青年成长成才并对其进行爱党、爱国、爱路、爱岗革命传统教育的好教材。

本书是"五老"送给京铁青年的精神食粮,是青年们了解北京局集团公司发展历史,感受前辈们的奋斗历程,补足奉献京铁、爱岗敬业精神之钙的宝贵财富。"五老"身上体现出的艰苦创业、勇于奉献,爱党、爱国、爱路、爱岗的情怀正是当代京铁青年需要传承和发扬的,必将激励广大青年以永不懈怠的工作状态和一往无前的奋斗精神,投身于北京局集团公司建设"首善之局"高质量发展的时代浪潮中。

星光不问赶路人,历史属于奋斗者。经过几代京铁人的实践探索,特别是近年来北京局集团公司对企业文化建设的高度重视,凝练出了具有自身特色的"报效祖国、忠于职守、艰苦奋斗、永当先锋"的京铁精神。京铁精神的背后,有着几代京铁人不懈奋斗的足迹和艰苦创业、无私奉献的动人故事。青年朋友们,让我们走进去,聆听京铁关工人用心用情的述说,瞩目托起朝阳的辉煌!

在稿件征集和编辑过程中,得到了北京局集团公司团委、人事部、职工培训部、离退休管理部等部门的大力支持和协助,在此一并表示衷心感谢!

由于时间仓促,水平所限,书中不妥和疏漏之处,敬请广大读者批评指正。

编　者

2022 年 9 月

目　录

长城脚下青龙桥 传承百年京张情
——青龙桥站站长杨存信的故事

◎北京北站 孙志远

　　青龙桥站位于八达岭长城脚下,建于 1908 年,地处北京市延庆区,隶属北京北站管辖。当时由于地势原因,京张铁路在此以折返式铁路爬坡,中国铁路先驱詹天佑先生自主设计并运用"折返线"原理建造了"人"字形线路。青龙桥站是上行线折返点,相应的下行线折返点为青龙桥西站。著名的"人"字形折返线也成为中国铁路史上广为传颂的丰碑。百年青龙桥,可谓中国铁路在历史领域的原点。山坳里、长城间,青龙桥站有着完好的青灰色的古朴外墙,古老的油灯座、百叶窗和报车器,中西合璧风格的候车室,最大程度地保留了历史的原汁原味。目前,每天有 8 趟 S2 线和谐号动车组在青龙桥站停靠折返,这让历史与现实有了一种奇妙的交融。青龙桥站不仅是一个车站,也有着一段鲜活的历史,演绎着百年京张铁路动人的故事。

　　2021 年 11 月 6 日,初冬的北京迎来第一场雪。伴随着 8 级阵风,持续降雪 20 小时,延庆区最低温度达到零下 12 摄氏度。长城脚下白雪皑皑,两条铁轨在雪中清晰可见。那一晚,杨存信和车站职工冒着风雪,打着手电筒,拿着铁铲清扫铁轨上的积雪,忙到了深夜……第二天,清晨 5 点 49 分,首趟 S2 线和谐号动车组抵达青龙桥站。在站台上,杨存信和往常一样,目视着这趟列车安全驶入,调换方向后,又从"人"字的另一边线路驶离车站。杨存信和同事一直忙到下午 1 点多,才将没过膝盖的积雪清除干净,都忘了吃午饭。当天有 8 趟动车组列车在青龙桥站折返作业,直到晚上八九点钟送走最后一趟列车,杨存信才稍微歇了会儿。已经接近 60 岁的他,这才感觉到自己肩膀的酸痛。他就是青龙桥站站长,也被人们称为京张铁路精神的传承者、百年老站的守护人。

在这个大山深处的四等站,杨存信做过扳道员、助理值班员、车站值班员、生产站长,1992 年开始担任站长至今。几十年来,他子承父业,把"扎根青龙桥、奉献京张线"作为人生的坚守和诺言,耐得住长久的寂寞,独自熬过了一个又一个夜晚,守护着一趟又一趟列车的安全运行,始终做到爱岗敬业、不怕苦、不怕累,早已把青龙桥站当成自己的家。

1951 年,杨存信的父亲杨宝华由北京列车段调到青龙桥站任站务工,把家安在距离车站不到 30 米的一排小平房里,从事过扳道员和值班员工作,一干就是 31 年。1962 年 7 月,杨存信在青龙桥出生。他在车站里听着火车的鸣笛声一天天长大,成为一个土生土长的铁路子弟。当时,车站用的还是臂板信号机,晚上把煤油灯挂到信号机上,早上摘下来。没煤油了,就要步行好几十里路到延庆县城去买。小时候,杨存信给父亲送饭时总是纳闷:"他怎么这么忙?"尽管家就在车站旁边,但父亲根本没空回家吃饭。作为通往西北的干线铁路,当年青龙桥站每天要过 32 对列车,站里职工上厕所都得掐着点一溜小跑。

1982 年,杨存信的父亲退休。那年 20 岁的他,接班来到车站。上班不久,手扳道岔改成了电动道岔,室内的设备更是由以前的手动操控改为电动操控。杨存信眼瞧着铁路上跑的蒸汽机车变成内燃机车，又变成电力机车，如今更是跑上了和谐号动车组。每当列车驶进青龙桥站，站台上的杨存信都要和机车乘务员打个招呼。每当列车缓慢地驶出车站，杨存信都会目视着车头前进的方向，像是在对远行的列车默默告别。深山里的百年老站，一趟趟列车来来往往，奔向远方，可杨存信从未离开，在这里一干就是40年。记得有一次记者采访，他深有感触地说："我出生在这里，长在这里，工作在这里，青龙桥站是我一生都离不开的地方。"

　　2008年，北京第一条市郊铁路S2线正式开通运营。随之，长途客运列车经由京张铁路关沟段运行的历史结束。尽管青龙桥站早已停止办理客运业务，但每天依旧有8趟S2线和谐号动车组列车技术性停车4分多钟。每天早上6点多，杨存信就要开始准备接车、开交班会、安排一天安全工作重点。一切安排妥当之后，抽空还要走40分钟的土路，到他分管的青龙桥西站巡视检查工作。几年来，在杨存信的带领下，青龙桥站19名职工团结一心，尽职尽责，没有人提出过调离车站的要求。该站连续多年被评为北京局集团公司先进班组和全路优质中间站。杨存信常对职工说："我们每天所做的工作，都是在詹天佑先生的注视下进行的。"看到车站广场上的詹天佑铜像，职工们就觉得肩上多了一份沉甸甸的责任。尤其是每年冬天，杨存信最担心下雪。一下大雪，高速公路就会封闭，那时S2线和谐号动车组趟趟满员。列车在经过青龙桥站时，道岔需要趁着列车停车的4分钟时间转换方向。为了防止道岔被冻住，大家都以雪为令，本该下班的职工没有一个回家，接班的职工也早早来到车站，全员投入扫雪工作中。杨存信和同事们始终拿着铁锹守在道岔旁，雪大了就要不停地铲雪除冰，以确保京张铁路的畅通和行车安全。

　　2010年，青龙桥站得到首都博物馆的拨款，老站房得到了修缮和原貌恢复。青龙桥站被确定为北京市工业遗产，且作为爱国主义教育基地向公众开放，前来"打卡"的游客络绎不绝。从此，这个百年老站又增添了一个新的身份，它既是一个仍在使用着的车站，也是一个见证我国铁路工业发展变迁的展览馆。没有作业时，杨存信就组织当班职工整理候车室，擦拭车站展室里的"老古董"——煤油信号灯、手摇铜铃、手扳道岔和行车操作盘等，这些都是站里的宝贝。

◎青龙桥车站

在工作之余，杨存信还注意收集有保存价值的文物，陆续"捡"回不少老物件，有年代久远的钢轨、刻着苏州码子的石碑、装有防水槽的花岗岩窗台。在车站办展览，老站房做展厅，存放着京张铁路曾用过的各式火车票、老照片等，在这些老物件里都有着他讲不完的故事。

一次，杨存信参观詹天佑纪念馆，馆里摆放的一块石碑引起了他的注意。石碑上刻着一种奇怪的符号，下方只有简单的文字介绍：京张铁路开通初期使用的一种石碑。站在石碑面前，杨存信很好奇，这些符号到底代表着什么呢？可现场的人没有一个能回答上来，当时他就觉得好像在哪里也见过这样的石碑。

2011年冬天，居庸关站站长王保明发现离车站不远的路基旁埋着同样符号的半截石碑，上面刻着一些特殊符号。他马上把这个信息告诉杨存信，问他感不感兴趣，杨存信一听，坐不住了。"走，去看看！"杨存信和同事们沿着山间的土路，找到了水泥石碑。当时，石碑就平躺在居庸关站以北四桥子村附近的铁道路基旁，上边一半被浮土掩盖着。他扫去石碑上的浮尘，看到上面画着三横三竖，还有一个"上"字。杨存信看后忽然想起曾在京张铁路的老照片中见过类似的符号。为了更好地了解石碑内容，杨存信决定先把石碑搬回车站。第二天，杨存信便找了一辆汽车组织车站职工前往。由于石碑有数百公斤重，为了不损坏石碑，大家将碑体用木板包好，靠着人拉肩扛，用了5个多小时，才把陡坡上的两块石碑完整地搬上汽车，运回青龙桥站。杨存信请教了多位文物专家，以及铁路学者张辉。后来才最终确认，石碑上刻的是"苏州码子"，起源于宋代，由苏州商人发明，明清两代广泛使用。京张铁路开通时，使用"苏州码子"代表铁路线路延伸到此处的里程。这"码子"是京张铁路独有的，其神秘的数字符号保存了一段传统、一种文化，已经成为京张铁路历史的重要组成部分，也验证了这条铁路是中国人自己修建的。如今，编号为"59"和"62"的两块里程碑被完整地保存在青龙桥站内。

2014年，杨存信偶然间看到一本京张铁路影集《1937猎影》，里面有青龙桥站的照片。几经辗转，他找到了作者孙明经的后人孙健三，询问能否讨要几张原片放在车站展览。没想到，对方十分愉快地答应了。2015年6月30日，孙明经的后人将照片送到青龙桥站。这几张拍摄于1937年6月30日的照片，在78年后，又回到了青龙桥站。那一年，西北考察团曾用文字和胶片将重要建筑记录下来。孙明经是其中一员，他拍下了数张青龙桥站的照片。当时的站长曾向他讨要这些照片,他也应允了。但没想到,卢沟桥事变爆发,因此未能成行。杨存信的主动联络,让这个78年前的承诺有了兑现的机会。孙明经曾叮嘱后人,有机会要将照片赠予青龙桥站。如今,这些照片被放大挂在车站内的墙上。杨存信对到访的来宾都会聊起这个温暖的故事,他说:"我跟人讲那段历史的时候,就跟放电影一样,很有意思。"这时的杨存信打心眼里感觉到,自己早已被青龙桥站的历史吸引住,也愿意将百年京张的故事讲下去。

◎杨存信向参观者讲述京张铁路的历史

近几年,青龙桥站也发生了不小的变化:老站房得到修缮焕然一新,恢复了古香古色的原貌;S2线"开往春天的列车"火了;到青龙桥站参观的游客一波接一波。每当有人来访,杨存信总要给他们讲一讲青龙桥站的故事。一位多次参观青龙桥站的游客曾经问杨存信:"怎么每次来青龙桥站,你讲的故事都不一样?"杨存信说:"青龙桥站的故事太多了,咱也得一步步地讲,要不然话匣子一开,说也说不完。"

◎杨存信接待参观者

詹天佑留下的"人"字线路,是京张铁路的亮眼之作,国人为之感到自豪。20世纪90年代初,一位到青龙桥站参观的游客充满疑惑地问站长杨存信:"詹天佑铜像下面写着'詹公天佑之象'的'象'是不是写错了？应该是头像的'像',而不是大象的'象'吧?"这是他第一次被游客问住,身为站长,居然说不清与车站有关的事情,尴尬与羞愧让他无地自容。从这一问开始,杨存信暗下决心,要学习了解青龙桥站的历史、有关京张铁路的发展史及詹天佑的生平。于是,杨存信几次拜访詹天佑嫡孙、詹天佑纪念馆首任馆长詹同济,他给了杨存信一本书,还做了疑问解答。之后,杨存信再给到访游客解释时,大家听了都很满意,他自己也觉得挺开心。后来,又有一些到站参观的游客询问

"人"字线、火车挂钩等问题，这更加引起了杨存信的关注和兴趣。他把游客提出的问题逐一记录下来。为了尽快弥补短板，他利用业余时间到书店购阅书籍，到詹天佑纪念馆查阅资料，到北京交通大学找专家请教咨询，与车站老职工共同回忆京张铁路的发展过程，细心学习并加深对京张铁路历史的了解，不断充实拓宽知识面，做到肚里有货。在之后的日子里，再有游客提出疑难问题，杨存信感觉在解答上游刃自如，同时他也逐渐意识到青龙桥站与沿线其他车站的不同之处，是京张铁路和青龙桥站在中国铁路发展史上具有重要的意义和作用。

传承百年京张铁路红色基因，追寻詹天佑的足迹，弘扬培育工匠精神，依托本站党史国史教育基地，杨存信为青工们讲好了入路教育第一课，主动当好义务讲解员。20年来，他一遍又一遍地讲述着京张铁路的故事，从小学生到社会团体，从路内职工到路外人士，各级领导参观考察和慕名而来的游客到站接受爱国主义教育，累计近20万人次。青龙桥站享有"中国铁路最迷人车站"的美誉。

◎詹天佑雕像

2019年3月27日，《北京日报》头版刊登了"一座青龙桥 百年京张情"的文章，在社会产生极大影响。目前，青龙桥站已成为长城脚下开展红色教育的大课堂。2020年12月8日，又被授予全国关心下一代党史国史教育基地。站长杨存信在青龙桥站出色的工作得到了充分肯定,先后被北京局集团公司党委授予优秀共产党员、"最美京铁人",以及北京市"党在百姓心中"优秀宣讲员称号,2020 年被评为北京市劳动模范并受到表彰。

　　2022 年,杨存信要从青龙桥站站长的岗位上退休了。他说:"我和詹天佑先生有缘,跟这个车站更有缘,我所坚守的不只是青龙桥站,还有百年京张铁路的厚重历史文化。作为现任站长,我要站好最后一班岗。"面对今后的退休生活,他依旧挂念着陪他走过多半生的这座青龙桥站。"退休之后,我还想做个义务讲解员,把京张铁路和青龙桥站的故事一如既往地讲给更多的人听。"

守　　望

◎天津站　赵洪泉

不知为什么,退休多年的我,时常在梦中寻着慈母爱、挚友情,往事历历,难以忘怀。

那是 1975 年,金秋十月,我由天津一中高中毕业,等待着工作分配。30 天里,一批批昔日的同学、"发小"陆续拿到通知书,前往单位上班了。这时,母亲总会掩饰着自己焦急的心情,靠近我安慰说:"别着急,越往后越好。"果不其然,最后一批,我被分配到了天津站。消息传来,全家人沉浸在端起"铁饭碗"、身穿新制服、头戴大檐帽的憧憬喜悦之中,母亲逢熟人便高兴地说:"我家孩子进铁路啦。"

参加工作不久,我被分配到运转调车组。看到师傅们熟练上下车、挥动信号旗指挥作业的情形,很是兴奋,脑海里浮现出电影《铁道游击队》扒火车的情景,我暗下决心,一定要当个好调车员。

然而,现实并没有我想象得那样轻松。刚上班那些年,车站客货运输作业量大,设备设施老化,加之安全与效率的关系有时摆位不正,安全事故时有发生。而且,调车作业事故多发。随着我对调车性质和作业环境认识的加深,越发感受到压力。安全上的事,我从来不和母亲讲。但她还是从邻居的闲谈中，得知了铁路调车俗称"挂钩"，很危险，会伤人，使本来就胆小的母亲多了一分担心和惦念。

那是冬季的一天晚上，我下了白班，骑着自行车往家走。21 时许，远远望见我家住的宿舍大院门房上一闪一亮的灯光，心情不禁愉悦起来。骑着骑着，忽然看见母亲正站在门房前，她那身高一米五几、体重不足百斤的矮小瘦弱的身体，在凛冽的寒风中更加显得单薄。我赶忙紧蹬几下，来到母亲面前。下车后，埋怨地说："这大冷天的，您等个啥？别冻着。"看见我，母亲才把紧绷的脸放松下来，微笑地说："嗨，我也没事，出来遛遛弯。"看着母亲冻红的脸庞，心头一热，眼泪差点掉下来。其实，儿子心里明白，母亲是在等待着自己平安归来啊！

进了家门，我刚刚洗完手坐下，母亲就端来热腾腾的可口饭菜放在桌上，催促着说："饿了吧，赶紧吃。"然后，一边看着我吃饭，一边洗好了我脱下来的工作服。稍后，母亲又拿出一条亲手缝制好的腰带，系在我的腰上试了试，满意地点了点头说："外面天气冷，干活时带上它。"接着，不停地叮嘱，"千万注意安全啊，多学学师傅们怎么干的……"母亲的一番话，仿佛打开了我的心结。是啊，与其整日提心吊胆，不如学着师傅们自信潇洒的样子，按标作业，安全地干好调车工作。

令我没想到的是，自那儿起，母亲这一守，就是 7 年。每当我下白班，她就站在夜幕下的宿舍大院门口，期待着我平安回家；我上下夜班，她就坐在 12 平方米小平房前，不让别人家的孩子吵闹，守护着我睡个安稳觉。不管春夏秋冬、风雪雨雾，日日夜夜，天天如此。母亲的守望，是那样的简单朴实、炽热厚重，护佑着我平安健康，激励着我奋发进取。

那些年，我苦练调车基本功，苦学规章，很快熟悉掌握了调车技能和作业标准。记得，每年春季，为了备战调车技能比赛，我和伙伴们下苦功夫,比着练手闸制动钩钩稳稳地连接,铁鞋天窗钩钩 3 米以内。我们还自摆擂台,练习静止上铁鞋,按规定上 10 只铁鞋 10 秒达标,我们个个达到 8 秒,甚至最快的达到 6.7 秒。凭借过硬的调车基本功,我和所在班组分别在车站和局级举办的各类调车大赛中取得优异成绩,也确保了安全生产长期稳定。1982 年,同时荣获了天津市劳动模范和模范集体荣誉称号。市里开劳模表彰会那天,我戴着大红花,手捧荣誉奖牌回家,依然看见母亲站在宿舍大院门口等候着。我紧走几步,来到母亲面前,看着她那开心、舒心的笑容,顿感温暖亲切;而看着她刚刚 47 岁已满头的白发,又不禁感慨,这是 7 年间母亲日日夜夜为儿守望操心的见证啊!

"唱支山歌给党听,我把党来比母亲……"这是我少时就十分喜欢的歌曲,也是我经过 40 载铁路工作的历练,发自内心的感悟。可以讲,我每一步的成长,都离不开党的培养和母亲般的呵护。

记得 1982 年 1 月初,党委书记找我谈话,郑重宣布:"经组织考察,党委决定,调你到运转乙班任党支部书记。"当时,我还有些迟疑,请求说:"领导能不能考虑先让我在行车、调度等岗位熟悉锻炼几年?"党委书记语重心长地说:"你的想法很好,但可以在干中学嘛。现在,培养年轻干部等不得啊!你要尽快担起工作重任。"就这样,我怀着忐忑的心情走上了干部管理岗位。

那时候,面对过去的师傅、伙伴,还有既熟悉又不深知的行车、调度系统,这工作该怎么干啊!心里真的没底。上任第一天,已调离了多年、被职工亲切称为"村长"的老支书来到班里,带我逐个岗点巡视,说明安全上的关键点和关键人,并当面叮嘱每个班组长"一定要支持新支书的工作"。然后,回到办公室与我促膝谈心,讲了许多当好党支部书记的方法,令我受益匪浅。这位老支书让我十分敬佩,他正直、果敢、担当,哪里有困难就冲在前。1976 年 7 月唐山大地震时,他主动请缨,带队奔赴灾区,冒着余震,抢先恢复铁路运输,使抗震人员和物资源源不断地进入灾区。返津后,他又赶到因受地震波及而倒塌房屋的困难职工家中慰问。紧接着,他在踊跃报名的职工中,挑选了12名能工巧匠,备砖、备料、施工,每个人都是自备干粮、义务劳动,很快帮助困难职工修缮好了房屋。我总在想:"老支书这是何等的人格魅力啊!"这也成为我做好工作的动力。

为了让我尽快进入角色,组织上安排了两位年近50、经验丰富的老主任与我搭班子。要说熟悉,他俩在我刚刚参加工作时就已经是干了多年的老主任了,我太了解他们被大家一致称道的品行和能力了。要说不熟悉,他俩从年龄到资历,都称得上前辈,如何相互配合,我心里没底。这时,他们一番真诚的话打消了我的顾虑:"洪泉,你是班长,大胆干,有什么棘手问题,我们会挡在前面的。"不久的一天夜里,遇到了一场大雪,我们迅速启动应急预案,组织以党员、团员和生产骨干为主的突击队除雪保畅通。只见老穆主任亲自用小车推来扫帚、铁铲等扫雪工具分发给各组,然后带领大家到达包保区域清扫道岔;老田主任坐镇调度室,根据行车运行、信号设备情况,有条不紊地指挥现场道岔清扫工作。就这样,两位老主任上下配合,保障着运输畅通。一夜过去,天亮了、雪停了,当我悬着的心刚刚放下,准备招呼扫雪队员撤离时,天空又刮起五六级大风,路基上的雪纷纷落入道岔处。这时,老田主任指示:"扫雪队员继续坚守岗位,清扫道岔积雪。"又过了5个小时,风终于平了,我们圆满完成任务,返回驻地。当我看到两位老主任眼里挂满了血丝、面容疲惫的样子,心疼地说:"赶紧休息吧!"此时,好像从他们身上,我领悟到了许多……

就这样,在党组织的精心培养下,经过一次次考验、一次次压担、一次次历练,我由车间党支部书记干到车站党委组织委员、工会主席。一路走来,我越发体会到组织的考察、任用、淬炼和同事的示范、教诲、帮衬都蕴含着党组织的寄望与呵护。

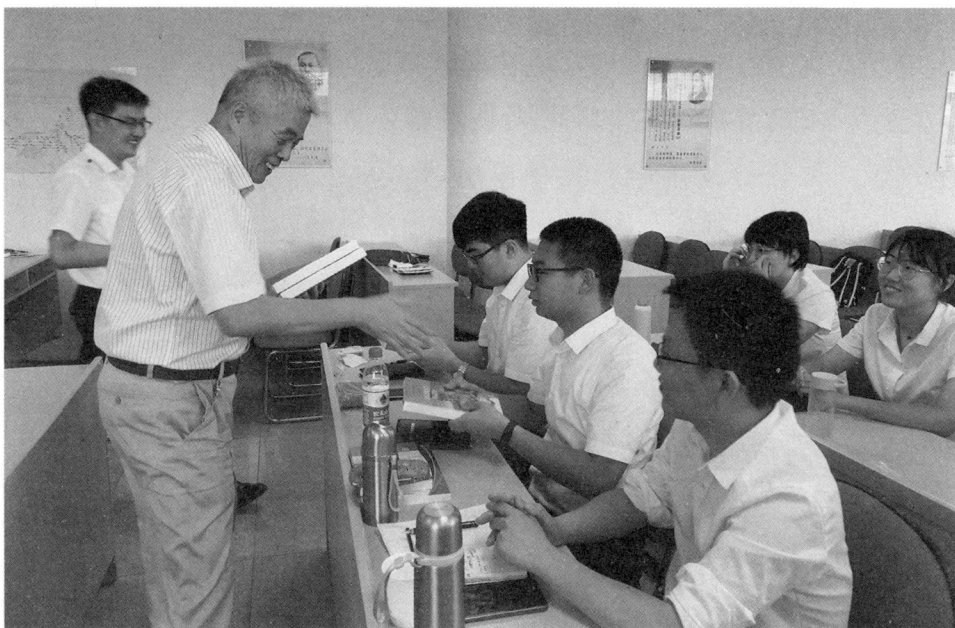

◎赵洪泉与青年座谈

那些年，尽管工作职务上有了变化，但我深知自己管理能力上的弱项，必须以勤补拙。1983年5月，那天刚刚下过一场大雨，我来到一位老职工家中走访，看到他正为存放煤的小屋顶漏水而发愁，我赶忙上前安慰道："您别着急，我来帮助解决。"转天，我叫上弟弟一起，将自家存放的尼龙板装上小推车，走了八九里路，来到老职工家，帮助修缮好小屋。回家的路上，弟弟埋怨地说："哪有你这样当干部的，搭上咱家东西不说，还拉上我出工出力，值吗？"当时，说得我心里很不是滋味。不久，车间召开职工座谈会，那位平日里性格耿直、不善言辞的老职工，主动站起来发言，讲述了我帮助他解决困难的经过，最后激动地说："我就是块石头也被焐热了。"此时，我又想起了弟弟问我的那句话，心里坚定地回答"值了"。

几十年来，我在各个管理岗位上，虽然只是忙忙碌碌、平平淡淡，没有太多引以为傲的业绩,但也经历了天津铁路枢纽改造、临时客站平稳过渡、大站模式机构改革等时期,见证了2008年10月1日中国首条京津城际高速铁路开通运营、创新"高铁玫瑰365"服务模式等"老龙头"划时代腾飞的辉煌时刻。每个时期,我也和天津站所有人一样,付出了辛勤的汗水与人生最美好的时光,留下了最难忘的记忆。

时至今日,我经常在想,正是有了党组织的培养、教育、引领和无数家庭父母亲的守望、相助、呵护,才使得铁路青年敬业奋起,锻炼成为新时代铁路建设的主力军。因此,我们关工委老同志,要履行职责、发挥余热,传承好优良传统和红色基因,助力青年牢记使命,不负韶华,在铁路岗位上奋进成才。

与时代同行——"毛泽东号"的故事

◎丰台机务段　张景和

　　诞生于解放战争烽火硝烟中的"毛泽东号"机车,伴随着新中国创建成长的光辉历程,自 1946 年命名以来,见证了中国铁路事业的发展。它历经了从蒸汽机车到内燃机车再到电力机车的 5 次换型;它创造了安全行驶 1200 万公里的辉煌纪录;它培养了一批又一批的各级干部和生产骨干;它总结摸索出以"责任心 + 责任制 + 基本功 = 安全正点"为核心内容的安全生产宝贵经验;它形成了"报效祖国、忠于职守、艰苦奋斗、永当先锋"的"毛泽东号"精神,被誉为"机车领袖""火车头中的火车头"。这一切,充分体现了"毛泽东号"人高度的主人翁精神和历史责任感。下面我具体给大家讲讲"毛泽东号"机车的历史故事。

奋勇支前　屡建奇功
诞生在解放战争炮火硝烟中的"毛泽东号"

　　1945 年,日本帝国主义投降后,国民党反动派在美帝国主义的支持下准备发动内战。1946 年 4 月,东北民主联军进驻哈尔滨,各地支援解放战争的军需物资源源不断涌上铁路线,机车不足的问题日益凸显。为支援抗战保卫胜利果实,哈尔滨机务段的工人们开展了轰轰烈烈的"死车复活"运动,来弥补机车不足的困难。

1946 年 8 月的一天,哈尔滨机务段机车整备司机陈捷三驾驶着机车,顶着一台破损的机车开往架修库。陈捷三双目炯炯有神,消瘦的脸上透着掩饰不住的兴奋劲儿。他从滨州线肇东车站拉回来一台破旧的ㄇㄢ1 型 304 号机车。

"宋代表,让我包台车吧,到前线去拼一拼。"陈捷三直截了当地提出了自己的要求,他充满自信地望着驻哈尔滨机务段的军事代表宋力刚。

"可现在咱们段上没有那么多的车,你先安心做调车工作吧。"宋力刚说。

这也是个实际问题,能跑的车早就都跑出去了。陈捷三脑子一转,用手指着刚刚拖回的那台车,说:"那 304 号修好了,就让我包吧。"

"好你个老陈,是不是早就惦记上这台车了?"宋力刚笑起来,他伸出手使劲地拍了拍陈捷三的肩膀。

架修库里热火朝天,304 号机车的修复工作在昼夜进行中。为了抢修机车,全段开展了献纳机车器材和废品翻新活动。工人们把收藏的工具和材料都捐献了出来,像沙里淘金似的反复地翻腾废铁堆,到处寻找可用的

◎修复一新的"毛泽东号"

材料。工人们经过 27 个昼夜的连续奋战,终于将这台机车成功修复。

宋力刚提议,应当给第一台修复的机车起个响亮的名字。火车头象征着党,车厢象征着人民,钢轨象征着党的路线,火车头与车厢连接在一起,毛主席就是指挥这台列车前进的人。于是,经过上级组织批准,决定将这台机车命名为"毛泽东号"。

1946 年 10 月 30 日,经中共中央东北局批准,原哈尔滨铁路局第一任局长刘居英宣布,ΠჳΙ型 304 号机车正式命名为"毛泽东号"机车。陈捷三成为"毛泽东号"的第一任司机长,并拉响了"毛泽东号"响彻云霄的第一声汽笛。

艰苦创业　永不停轮
以火一样的热情投身社会主义建设

1950 年 6 月,美国悍然发动侵朝战争,把战火烧到鸭绿江边。"毛泽东号"司机长、老英雄李永作为代表团成员,在战争爆发后不久便前往朝鲜。在朝鲜,他所到之处,敌机狂轰滥炸、硝烟弥漫,到处弹坑累累、血痕斑斑。他眉头紧锁,痛心疾首。

李永回国之后,立即提出建议:以实际行动支援朝鲜人民抗美战争! 1950 年 8 月,李永代表"毛泽东号"乘务员在《和平宣言》上郑重签字。

10 月,中国人民志愿军入朝作战。机车组一面派代表赴朝参战,一面在后方开展了著名的"满超五"(满载、超轴、500 公里)劳动竞赛。

当时,李永和 1939 号、1588 号两个先进车组的同志们一起,走访了 30 多个机车组,广泛征求意见,共同研究超轴的具体办法,初步确定了超轴吨数。

当李永说"超轴 300 吨"时,大家非常不解:"折腾了半天才超 300吨,是不是太少了?"李永翻出了司机手账,边翻边解释:"我算了一下,敢超 1000 吨的，全段只有 6 台车，即使真能拉那么多，一共也才 6000 吨。如果超 300 吨，有 30 多台车可以接受，加起来就是 1 万多吨。等干起来有经验了，咱们再逐渐增加吨数。"同志们听了之后都佩服地点头，这个超轴吨数定得既稳妥可靠，又能带动大家的积极性。

从 11 月 17 日到 22 日，"毛泽东号"5 次超轴，五战五捷。在全局职工，特别是机车乘务员中，引起了强烈反响，大家纷纷主动要求超轴。中华全国总工会和全国铁路总工会也发出了全国铁路职工学习"毛泽东号"、开展超轴运动的号召。洋溢着国际主义和爱国主义精神的书信，雪片般地从郑州、济南和齐齐哈尔等地飞向了"毛泽东号"，报告着鼓舞人心的超轴消息。在超轴运动中，"毛泽东号"创造了比标准牵引定数超轴 18% 的新纪录，并于 1950 年 12 月 7 日创造了安全走行 20 万公里的新纪录。

1976 年 7 月 28 日，唐山发生大地震。"毛泽东号"第七任司机长陈福汉代表机车组赴灾区慰问受灾民众。"毛泽东号"满载救灾物资迅速开赴地震重灾区丰润、古冶等地，冒着铁路变形余震不断的危险，奋力抢运救灾物资，深入灾区，直到 9 月 10 日才返回丰台站。"毛泽东号"时刻保持着"困难面前有我们，我们面前无困难"的豪迈品格，在祖国和人民最需要的关头，他们从未缺席。

多拉快跑　安全正点
在改革开放大潮中破浪前行

安全是铁路运输生产的主题。"毛泽东号"提炼出"责任心 + 责任制 + 基本功 = 安全正点"安全生产恒等式，以连续 11 次突破百万安全走行大关的光辉业绩证明：基本经验是岗位实践的制胜法宝。

苦练基本功是"毛泽东号"人的一贯作风，也是新人上车必须过的一道关。无论严寒酷暑，每当退勤休班，"毛泽东号"人就主动练习，一点都不含糊,他们始终做到停车就检查,有活就修理,有空就擦车,擦拭机车如同珍视自己的眼睛。

在繁忙复杂的运行条件下,"毛泽东号"人克服各种困难,挤时间学习新的技术业务和保养机车能力,人人能够自检自修;提高操纵水平,挂车时钩响车不动,起车加速快,途中运行稳,进站调速好,停车位置准;保证了机车质量,从未发生过漏检漏修造成机车破损的事件。他们煤投得不多,汽水供应得上,油不虚给,各部油润保证良好;关键时刻牵引重点列车,能够按照计划时刻完成运输任务;在暴风雨雪雾非正常天气情况下,牵引超轴列车都能正点到达。每一个环节都体现出"毛泽东号"机车组乘务员扎实的基本功和勤学苦练的学习风气。

◎"毛泽东号"机车组成员大搞技术革新

1977 年 1 月,"毛泽东号"即将正式启用的国产第一代东风 4 型 0002 号内燃机车,威风凛凛地停在整备线上。

司机长陈福汉和他的伙计们车上车下忙个不停,蒸汽换内燃,对于他们,又将是一次严峻的考验。短短 1 个多月的时间,要让多年来从事蒸汽机车乘务工作的乘务员面对知识全面更新的内燃机车,就像小学生面对大学考试一样难。

司机高俊亭,抵御单身生活仅有的乐趣——电视的诱惑,刻苦钻研他视为"天书"的内燃机车理论知识,逐字逐段地背诵领会,用他自己的话说"比抡大锹累多啦"。

司机王作田,只有小学文化,连汉语拼音字母都认不全。但他毫不气馁,拜年轻同志为师,吃饭时还用筷子头在桌子上写写画画,居然很快入了门。

司机康建民,为了攻克电路图,在十几张电路图上密密麻麻地标明了只有他自己才看得懂的符号,几天时间把电路图画了 20 多遍。

副司机王树广,家住长辛店,为了尽快掌握内燃机车知识,有家不回,吃住在机务段,车上车下苦学苦练。功夫不负有心人,在全局内燃机车副司机竞技比赛中拿回了第二名的好成绩。

就这样,"毛泽东号"的乘务员凭着他们主人翁的责任感,在很短的时间内掌握了内燃机车新技术,驾驶着内燃机车踏上了新的征程。

虽然新制作的毛主席铜像挂在了崭新的内燃机车东风 4 型 0002 号车上,但"毛泽东号"人对那台驰骋了整整 30 年的蒸汽机车ㄇㄞ1 型 304 号机车早就产生了深深的眷恋之情……"毛泽东号"的同志们在机车退役之前,一遍遍地擦拭机车,没有哪一次比这次擦得更仔细,边角旮旯都擦到了。这是临别的牵挂,是刻骨铭心的眷恋……最后,这台退役机车被铁道博物馆作为一级文物永久珍藏。在"毛泽东号"人的心目中,退役的蒸汽机车已经成为一种象征、一座神圣的丰碑,其永远镌刻在"毛泽东号"人的心中。

1991 年 8 月,"毛泽东号"机车第二次换型为东风 4B 型内燃机车。时任铁道部部长李森茂亲自为"毛泽东号"选定了与毛主席诞辰年份相同的 1893 作为车号,从此"1893"成为"毛泽东号"机车的专属车号。

为适应铁路运输装备现代化的需求,"毛泽东号"机车进行了第四次换型,由东风4D型1893号内燃机车更换为国产和谐电3B型1893号电力机车。换型后的机车最大功率9600千瓦,最高运行时速120公里,是当时世界单机功率最大、技术水平最高、各项性能指标最先进的机车。至此,"毛泽东号"开启了电力机车时代。

不忘初心　砥砺奋进
永当新时代交通强国的火车头

2009年8月9日,"毛泽东号"班组党支部成立,其是首个班组党支部。党支部非常注重对新人的培养,多年来,形成了新人上车送《毛泽东选集》的规矩,致力打造一支响当当的党员队伍。党支部先后获得党内优质品牌、全国先进基层党组织等荣誉称号,着力塑造思想政治的合格人、安全行车的规矩人、运输生产的带头人。

手握闸把,就要心系安全。每一任司机长在卸任的时候都要郑重地交出这套闸把。

"毛泽东号"机车组成立70多年来,曾11次打破安全走行百万公里的大关,成为全路运输安全生产名副其实的"火车头"。"毛泽东号"人用他们的青春和汗水,用他们的坚守和奉献,彰显了铁路人的工匠精神,撑起了铁路运输的万里平安线。他们每一个都是时代的楷模,都值得我们敬仰!截至2022年8月,"毛泽东号"机车已经连续安全走行1200万公里。

至此,"毛泽东号"历经13任司机长,184名乘务员。第一任司机长陈捷三,拉响了"毛泽东号"机车第一声汽笛。第三任司机长郭树德,被评为特等劳动英雄。第七任司机长陈福汉,经历了第一次换型,蒸汽向内燃的转变,当选为两届中央委员。第十一任司机长赵巨孝,经历了第四次换型,内燃向电力的转变,带领机车组完成了安全走行800万公里、900万公里。第十二任司机长刘钰峰,经历了第五次换型,带领机车组结束了68年牵引货物的历史,开启旅客列车的征程,2017年光荣当选为党的十九大代表,获得全国优秀共产党员称号。王振强是现任司机长,于2018年12月26日接任,获得全国五一劳动奖章、被评为北京市劳动模范。2022年,王振强作为冬奥会火炬手,在首钢园传递奥运圣火,展示了新时代"毛泽东号"人的精神风貌。

薪火相传　铸魂追梦
弘扬"毛泽东号"精神,培养年轻一代成长

习近平总书记在庆祝中国共产主义青年团成立100周年大会上指出,"青春孕育无限希望,青年创造美好明天。一个民族只有寄望青春、永葆青春,才能兴旺发达""时代各有不同,青春一脉相承。一百年来,中国共青团始终与党同心、跟党奋斗,团结带领广大团员青年把忠诚书写在党和人民事业中,把青春播撒在民族复兴的征程上,把光荣镌刻在历史行进的史册里""实现中国梦是一场历史接力赛,当代青年要在实现民族复兴的赛道上奋勇争先。时代总是把历史责任赋予青年。新时代的中国青年,生逢其时、重任在肩,施展才干的舞台无比广阔,实现梦想的前景无比光明"。

伴随决胜全面建成小康社会取得决定性成就、全面建设社会主义现代化国家新征程即将开启,机务段建设开始走上高速发展的道路。新时代的丰台机务段青年正面临承前启后、继往开来的难得历史机遇,关工委和团委组织,在段党委的带领下,深入把握青年发展的内在规律和时代特征,依托中长期青年发展规划实施,着力塑造体格强健、精神强大、能力强劲的新时代铁路青年。

"红日初升,其道大光;河出伏流,一泻汪洋"。年轻的朋友们,你们是机务段的未来和希望,也是祖国的未来和希望。面向未来,你们站在中华民族伟大复兴的康庄大道上,重任在肩、使命光荣、前途光明。希望你们依托于新时代青年发展事业的广阔平台和大好机遇,进一步增强大局意识、系统观念,赓续传承"毛泽东号"精神和红色血脉,吸收借鉴先进榜样的有益经验,努力成为铁路新一代的中坚力量。

信念在薪火中传承

◎秦皇岛车务段　冯文生

位于秦皇岛车务段秦皇岛南站办公楼三楼的"立存示范调车组荣誉室"里,珍贵的照片记载着一步步坚实的脚印,厚重的荣誉印证了一个个成就的辉煌。漫步浏览、静心阅读,不觉已进入那个蒸腾的年代……

20世纪50年代,作为连接东北工业基地与全国其他各地必经枢纽的秦皇岛站,承载着艰巨而光荣的使命。而作为秦皇岛枢纽唯一一台主力调车机车的"一调",则担负着保证这个枢纽畅通的重任。

那个时候正处于新中国成立初期,调车设备落后、站场环境杂乱、作业技能偏低,作业事故时有发生,不仅对本已高度紧张的运输秩序带来严重干扰,更重要的是人身安全得不到根本保障,效率不高、士气低落,对整个区域的列车解编作业造成重大影响。

这就特别需要一个精神和技能双重示范的集体,来引领和带动整个区域调车作业效率的大幅提升。

在这样的背景下,1958年9月4日,秦皇岛南站(原秦皇岛站)"立存示范调车组"的前身"乙一调"作为标准示范组组建起来,肩负起秦皇岛地区整个调车系统安全标准"排头兵"的使命。

"乙一调"的入组人员必须是中共党员,并且是调车技能高的年轻党员。"思想合格、技能过硬"的入组原则,一直保持至今。

"乙一调"建组的目标是"班班标准、钩钩安全"。这看似很平常,可在那个年代、那样的条件下,并不是件容易的事情。

"发往东北、东北过来的所有列车都要在这里解编,(调车组)每个班都要干几百钩活儿,忙得连吃饭的时间都没有。"现年87岁的"乙一调"第二任调车长张振余回忆起当时的情景,依然皱眉不断。

虽说是第二任,但张振余在建组不到半个月就肩负起调车长的重任,可以说是"乙一调"精神的主要创始人。

那个时候,调车机是老式的蒸汽机车,调动的车辆车型杂乱、车况破旧,钢轨、道岔基本都是型号不一、多年失修的陈旧设备,调车作业场地也是坑洼不平、杂草丛生,就连手持的信号灯还是煤油灯。调车安全隐患可以说比比皆是。在这样的条件下,要想在"每班数百钩"的超负荷作业量下,实现"钩钩安全"谈何容易。

"当时我觉得最重要的就是要团结,干活得有精气神,再苦再累心里没怨言;再就是干每钩活都要处处'加小心'。"张振余用朴实的语言,述说着建组起初的工作方法。

团结就是力量。围绕"团结",张振余可没少下功夫。作业中一有空闲,小组都要聚在一起来个民主分析会,说一说前面的工作中谁对谁不对,说清缘由和道理,有难处就嘱咐大家相互照应,心顺了干活才有劲儿;常讲"咱是光荣的班组",以荣誉感来提升每个人的自律意识;谁家有困难了,小组人人伸手帮一把……

小心驶得万年船。一句"加小心",体现的是责任心和技能的双重考验。"(一名)制动员同志撂手闸,我问他有多大把握,他说八成,那我就跟司机配合给他甩五成的劲儿。"现在来看,张振余所说的"加小心"，就是作为现代安全风险管理关键要素的"安全冗余"。

在经历了两年多的实践检验后，"乙一调"将起初的安全方法归纳为沿用至今的"三种精神"，即心系铁路、甘为调车献青春的敬业精神；班班标准、钩钩安全的自觉从严精神；长志气、长才干、勇当排头的争先精神。

"接过前辈的接力棒，肩头是沉甸甸的责任。"1986 年，"乙一调"实现连续安全生产一万天的次年，时任小组连接员、现任秦皇岛南站副站长邵利军在原天津分局十大标杆班组表彰会上做经验交流时指出。

20 世纪 90 年代以前，"乙一调"以连续安全生产 30 年、上万天的成绩，在全路调车系统脱颖而出，一举成名。

"(20 世纪)80 年代末到 90 年代初，是'乙一调'荣获荣誉最多、最高的时期，包括全国首批青年文明号、全国安全生产先进班组等最高等级的荣誉。"邵利军回忆。那个时候，口才很好的他，作为小组代表，每年都会到各地做经验巡回宣讲。同时，还经常会有全国各地不同行业的人员慕名到"乙一调"实地参观学习。

"曾涌现出重病不离一线、挂着拐杖干调车的马英存；不恋舒服不图享受、一门心思干调车的刘运生；宁愿放弃女朋友也不愿离开'钩子手'工作的李大铭……"这是 1996 年 3 月 28 日的《工人日报》头版头条刊发"乙一调"的报道内容，既弘扬"三种精神"取得的成效，同样也得到了社会各界的充分认可。

虽然掌声赞扬值得骄傲，但"乙一调"没敢有丝毫的懈怠。他们根据形势任务、设备升级变化等因素，不断深化"三种精神"，总结归纳出了更为科学的以"三关、四勤、五要、六必须"为内容的"三四五六调车作业法"，涵盖了调车全部作业的关键风险源，把"讲团结""加小心"的核心精神延伸到工作、生活的方方面面。

"不要问企业为我们做了什么,而要问,我们为自己的企业做了什么。"这是 2008 年 9 月 4 日,"乙一调"实现安全生产 50 周年,时任调车长唱润峰在表彰会上的表态发言。始终坚持戒骄戒躁,始终保持团队为重,始终对照"三种精神"自问自省,半个世纪谦虚谨慎"加小心"的传承和坚守,成为"乙一调"筑起安全大厦的瑰宝。

2012 年,为了充分发挥"乙一调"的示范引领作用,秦皇岛车务段将其更名为"立存示范调车组",由荣获过全路火车头奖章、路局级优秀共产党员等多项荣誉的祁立存出任第 25 任调车长。揭牌那天,这个"全党员"小组在荣誉室内庄严宣誓,坚决要让这杆荣誉大旗高高飘扬、屹立不倒。

◎"立存示范调车组"第一任班组长张振山(右三)带领班组成员参观荣誉室

新一代的调车组没有辜负众望,他们用实际行动继承和发扬着优良传统,无论是刮风下雨、无论是夜间假日、无论酷暑还是零下 20 多摄氏度的严寒,作业中从没少走过一步、从没落下过一个环节,始终是全段安全最放心的班组。

　　全国安全生产先进班组、全国青年文明号、全国模范职工小家、全路党内优质品牌、全局建功立业先进班组……截至目前,调车组获得的荣誉已达300多项。不忘初心的信念传承,让小组更多了一份坚守的自信。

钢轨上的故事

◎石家庄工务段　　张爱成

我叫张爱成,77 岁。退休前曾担任石家庄工务段工会副主席,井南、娘子关车间的党支部书记。记得在青年时代,学校和单位经常请老革命及"二七"老工人对我们进行传统教育,他们的顽强斗争精神和革命故事深深印在我的脑海里。青年的理想信念关乎国家的未来,这是一个国家、一个民族无坚不摧的前进动力。作为一名退休党员干部,我们不仅有义务,也有责任做一个传承者,使党的事业薪火相传,让铁路的优良传统弘扬光大。我就从钢轨上的故事讲起,希望青年职工自觉做到"四个不能"。

拨正方向,坚守进取的劲头不能失

火车的高速运行对线路的冲击力相当大,对钢轨的最低要求是不能有死弯硬弯。要保证列车的安全运行,线路必须顺畅,这就要求工务职工不断地改道拨道、拨正方向。联想到青年职工,从入路上班开始,思想上就要端正方向、要有奋斗目标,实际工作中必须做到敬业爱岗、坚守进取。记得在我的青年时期,段上有个把岗位放在心上的老革命——刘海英。他在我们段管辖的京广线 262 公里处负责看道口，坚守岗位、兢兢业业，一干就是 20 多年。他还经常利用休息时间到周边学校讲革命故事，并到周边的棉纺厂、城中村进行铁路安全常识宣传，保证了道口的安全。《石家庄日报》《京铁工人报》还对他的事迹进行了登载。这些简单而平凡、矢志不渝的坚守，使我们青年人很受教育。

20 世纪 70 年代，我所在的井南、娘子关车间，工作生活条件非常艰苦。井南车间和工区只有两排平房，职工宿舍只有一间大通铺，工具材料都堆放在自搭的枕木房里。后来，我们自筹工料建了 13 个窑洞，同时在蔡公庄、南峪工区也修建了窑洞，居住条件才有所改观。艰苦的环境磨炼人、培养人，从窑洞走出了许多优秀的管理人才和领导干部。同时，一种精神也潜移默化地延续下来，这就是窑洞文化精神，其一直激励着我们井南人为铁路事业无私奉献。

娘子关车间的西武庄工区在大山脚下，是石太线最艰苦的工区。环境恶劣，冬天见不着阳光，夏天乘不上阴凉。设备复杂，养护维修着石太线最长的两条隧道和 4 座桥梁。在这样的条件下，大家坚守岗位、精检细修几十年，一直保持着优质的线路质量。劳模许二科从入路到退休一直没有离开过这个工区。为了留住职工，他协助工长加强了班组管理，修建了文化活动室，组织了业余乐队，从而丰富职工的文化生活。老许身体不好，但仍然坚守岗位。他有一段话至今感动着青年职工："养路就是一窝草，你刚睡上去感觉有点扎，越睡就越觉得暖和。要爱岗敬业，就得有这点精神！"在他的付出和带动下，职工们团结在一起，靠着西武庄精神指引，靠着艰苦奋斗，靠着严格的管理方法，将工区带入路局先进行列。他还成为我们段唯一的河北省劳动模范。这正如航天员杨利伟说的，"有一种生活，你没有经历过就不知其中的艰辛；有一种艰辛，你没有体会过就不知其中的快乐……"他们就工作生活在这快乐之中。

现在铁路发展突飞猛进，工务养护手段有了根本性改变，职工从繁重的体力劳动中彻底解放出来，工区环境、职工生活也得到很大改善。我觉得，虽然条件越来越好了，但坚守进取的劲头不能失。坚守说到底就是忠诚，以主人翁精神忠诚于工务事业。

拧紧扣件，安全生产的弦不能松

保证铁路畅通是工务部门的神圣职责，安全生产是我们的永恒主题。连接钢轨的鱼尾板（俗称夹板）、螺栓、拉杆及道钉，这些扣件有一环松动都会给线路造成影响，每一项工作不小心都会给安全带来隐患。今天的我们能放心地在石太山区线路上进行电气化作业，与井南车间路基队的扫山工作不无关系。扫山职工居无定所，风里来雨里去，攀登悬崖峭壁，专门检查线路两侧山上的危石。特别是春融季节，他们需要从山顶吊下来，清除危石隐患。他们为全国第一条复线电气化铁路的修通和运行作出了巨大贡献。

娘子关车间程家养路工区的杨步明是分局标兵，他带领工区创造了一万五千多天的安全记录，是北京局的一面旗帜，工区"格上格、严上严"的安全作业方法一直延续至今，对安全生产起到了有力的保障作用。例如1988年暑期的一天，工区职工正冒雨进行检查。当走到石太线75公里处时，突然一声巨响，他们赶紧跑到现场，原来是挡墙被冲垮20多米。他们立即分头设防，将下行列车拦停在娘子关车站，并迅速组织联系附近村民进行抢修，仅25分钟便重新开通线路。程家工区管内的75公里200米处，堤高堑深、危石耸立，是那时石太线唯一的设人看守路段。工作规章上没有具体巡防规定，他们自己却从严制定了10条措施。有一次，一职工在巡视中发现一块危石底部渗水，他就在现场像道钉一样观察了6个小时，最终这块危石掉落在两线间,他果断排除故障,保证了行车安全。因为此事,段还奖励了他一级工资。

卡好轨距,精检细修标准不能降

保证设备质量是线路工的天职,线路维修在运输动态中绝不能有半点马虎。1435 毫米是铁路的标准轨距,只允许超 6 毫米或少 2 毫米。有一次,井南车间的蔡公庄工区,在石太线上行 57 公里处换轨,封闭线路一直到下午 3 点才换完。工长回检时发现,距离工区 3 公里多处有 5 根枕木轨距超维修标准 1 毫米。但是大家已经饿得肚子咕咕叫。这时,有职工说:"算了吧!别整了。"但工长果断地说:"我们是维修工区,应严格按照维修规定的标准,这个不能降。"他带头起下道钉,消除了这处病害。此外,程家工区新调来的一个班长领班改道,有 3 处道钉没有打实就招呼大家下班。当时就有职工提出这不符合标准化要求,当即做了补救。碰头会上,老工长语重心长地说:"标准不降是咱工区的传统,咱当班长的应该带好这个头。"听了这话,那个班长羞愧地点了点头。

铁路是国民经济的大动脉,过去讲铁路是"先行官",这个话没有过时。按规矩操作,就应该养成精检细修、零误差的习惯,为当好"先行官"作出自己的贡献。

消除隐患、攻坚克难的精神不能丢

发现和及时消除隐患,是保障线路质量的有力举措。做到这一点,要开动脑筋,还要有攻坚克难的精神。1973 年,我在井南车间管内的南峪工区任班长,站二道有一处低接头病害,多次抬高捣固,反复垫沙,还倒换了新轨和石渣,病害依旧存在。大家为此伤透了脑筋,编了个顺口溜:"低接头啊!低接头!真是叫人丧脑头。捣固垫沙没个头,整来整去不抬头"。工长组织我们几个骨干到现场会诊。结果发现，原来是上面的石渣场为装车走路方便，堵塞了水道，雨水就会排到线路。我们当即找石渣场解决，但场方一个劲地往外推。后来，一看我们要插红牌封闭线路，他们怕耽误装车，立即组织20多人，修了200多米的排水沟，将水引向了西面涵洞，解决了这个老大难问题。当时，我写了一篇通讯稿，河北电台、河北电视台还进行了报道。

有些青年职工，面对线路工每天机械式重复的工作程序，觉得无所作为，干劲不足。我给大家讲个事例。石太线地形复杂，小半径曲线多，容易脱轨掉道。为实现安全百日，段领导很伤脑筋。当时有一句很经典的话形容石太线的安全重要性："安全生产，成也石太，败也石太"。后来，在年轻的段总工王建文的提议下，在缓和曲线处加了护轨，很好地解决了这个问题，段安全生产天数不断创新。实际上，线路工也懂得这个简单的原理，可谁也没有想到加以应用。我觉得，从事工务工作只要能吃苦耐劳、用心钻研、敢于创新，就会大有作为。

当前，铁路事业发展很快，设备改造更新也快。青年职工更应该做到这"四个不能"，坚信、坚韧、坚守，实现自己的人生价值。

◎张爱成参观职工书画展

最后,送给青年职工几句话:人生嘛,不是因为有了希望才去坚持,而是因为只有坚持才会有希望;不是因为成长了才去承担,而是因为只有承担了才会成长;不是因为拥有了才去付出,而是因为只有付出了才会拥有。

讲讲素萍服务组的故事

◎北京站　丁　然

当您初次走进北京站时,是什么给您留下了深刻的印象?是礼貌微笑后的"您好",是迷路慌张时的"别怕,有我在",还是困难无助时的"我来帮您"……

这里,每天来往的旅客多达28万人次,少则17万人次,其中300余名旅客是行动不便的老弱病残孕旅客。这对北京站的客运服务,特别是特种旅客服务提出了很高要求。素萍服务组应运而生,至今已服务约25万人次,为他们送去阳光和温暖,播撒希望之种,传播人间大爱。

2010年,素萍服务组成立,这是以全国劳动模范李素萍名字命名的班组,主要工作是为老弱病残孕等重点旅客提供重点服务。班组由9名青年职工组成,平均年龄27周岁。从微笑问候旅客,到用心疏导旅客;从照顾重病旅客,到应急处置突发急病旅客,她们用真心、热心、诚心的服务,守护着旅客的出行,成为旅客心中的亲人。

爱,是我们护佑您的一路坦途

2015年4月14日临近中午,素萍服务组客运员刘雯在大厅进站口发现,有两个人搀扶一名女士正缓步往里走,后面跟着一个人拿行李,而且女士表情痛苦。于是,刘雯立即上前询问,并将其引导到素萍服务室内休息候车。原来,一行四人是来北京为这位齐女士看病的,准备乘车返回唐山北,同行的是她的儿子、姐姐和姐夫。经了解,齐女士已经确诊肝癌晚期,可能只剩最多几个月的生命。这一消息如晴天霹雳一般,使陪同三人的心情十分沉重。但是,为了不刺激齐女士,他们刻意隐瞒了病情。在一旁服务其他旅客的客运值班员曹燕听到这一消息后,不由得心里一颤。因为曹燕的母亲也是得了肝癌去世的,如果健在,应该和齐女士年龄相仿。看着齐女士痛苦的模样,曹燕对她更加同情,便主动过去和她唠家常,给她安慰和鼓励。同时,曹燕还偷偷将北京肿瘤医院能够免费领取进口止痛药的消息告诉她的家人,希望帮助他们在经济上减轻一些负担。候车期间,虽然齐女士总是面露苦楚,但是心态还算乐观,并与曹燕分享自己以往的经历。在齐女士的要求下,她姐姐非常细心地为其化妆、打扮,并与曹燕、刘雯分别合影留念。拍照后,曹燕的心情久久不能平复,未能去站台送行。刘雯用轮椅将齐女士送到车上,与列车长进行了交接。虽然极其痛苦,但齐女士仍用尽全力给了刘雯一个拥抱。而此时,三位家人一直等候在站台上,直到刘雯从车上下来,三人一齐向刘雯深深地鞠了一躬。齐女士的姐夫眼含热泪地对刘雯说道:"谢谢你,谢谢你们!你们今天这样的服务,有可能会延长她 10 天的生命!"听到这样的话语,刘雯的眼泪也夺眶而出。与他们挥手告别后,刘雯思绪万千。作为素萍服务组的一员,提供给每一位重点旅客的接、送站服务也许平淡短暂,但传递给旅客的温暖和感动是浓郁持久的。

爱,是帮您重新燃起生活的希望

2015 年 4 月 13 日的夜班,正在素萍服务室内打扫卫生的客运员谢依突然听见身后有人叫自己的名字。回头一看，才发现是前几天从 K412 次列车上接下来的重点旅客。他们是一对夫妇，50 岁左右，女士有残疾，行动不便，他们要乘坐当晚的 K411 次列车去威海，来找素萍服务组帮忙，这已经是第三次了。看着这对夫妇，谢依不禁回想起前两次帮助他们的情形。第一次是送他们上车，虽然谢依保持着一贯的热情，积极与他们沟通，但阿姨的神情一直比较冷漠，一路沉默。第二次是接他们出站，阿姨对谢依露出了浅浅的微笑。三次相遇，阿姨对谢依敞开了心扉。原来阿姨来北京是为母亲扫墓，但由于自身腿脚不利索，平时很不愿意出门，也不愿意麻烦别人。可是，在北京火车站，竟能享受到如此周到的服务，解决了出行难题，消除了后顾之忧，阿姨对出行不再担心。而这种心理的改变，正是源自之前两次谢依体贴入微的关心和帮助。听了阿姨的一番话，谢依内心一阵激动，原来自己的服务不仅可以帮助人，还能改变重点旅客的心态，帮助他们重拾生活的信心。在用轮椅将阿姨送到列车车门处时，阿姨提出要与谢依合影留念，并对谢依说道："谢依，我想把你、把北京站当作我人生中最美好的回忆！你的服务在我心里留下了最永久的温暖！"说完后，眼含热泪与谢依紧紧拥抱，并贴在谢依耳边说，"宝贝儿，感谢这一路有你，让我感受到人间的温暖，让我有了一次难忘的旅行。"与他们挥手告别，谢依也流下了感动的泪水。几天后，谢依收到了阿姨回到家中报平安的短信，阿姨在短信中写道："谢依，你是我生命中的小天使，通过你的双手和善良的心帮助我，我会在心里永远记得你，记得在北京站的一切。"

爱，让我们成为"京站一家人"

这个故事要从 2015 年讲起，那是一个冬天，白大爷陪同姐姐乘坐 K604 次列车到达北京站。出站时因姐姐行动不便，他们来到素萍服务组。李师傅看到他们的情况，立马搀扶住姐姐，让他们坐下稍事休息，并倒了两杯热水。几分钟后，李师傅推来一把轮椅将姐姐扶上去，送他们出站，还跟他们说如果有需要，下次再来北京站，找她就行，这就是最初的相遇。在白大爷心中，朴实话语成了北京站最温暖的音符。那之后，白大爷每年都要乘车往返于北京与山西闻喜之间。这几年，因上了年纪，白大爷的腿脚也开始不方便，来北京的次数也少了，但他总把北京站素萍服务组挂在嘴边，逢人便讲："我在北京站有啥困难就找素萍服务组，她们啥时候都在""我有俩儿子，没有女儿，素萍服务组的姑娘们，就像我亲闺女一样，甭管啥时候来，她们总是特贴心……我每次来素萍服务组就像到家了一样"。

◎素萍服务组热心服务旅客

一种关心、一次帮助、一份温暖，是跌倒时有人伸出援助之手，是寒冷时有人递上一杯热水，是无助时有人扶住你的肩膀……有需要的时候，给予旅客"搭把手"的便利，让旅客真切感受到宾至如归，是京站人的初心,更是我们铁路青年的使命。

素萍服务组成立至今已经走过 12 年的春夏秋冬。2021 年 1 月 22 日,京哈高铁全线贯通,北京朝阳站正式开通运营,并全面打造了与素萍服务组一脉相承的曹燕服务组。以此为引领的青年志愿服务,将在新高铁站焕发新的活力、续写新的辉煌。

他数次与死神擦肩而过——记老兵贾世才

◎石家庄铁路办事处　马春季

随着电视剧《跨过鸭绿江》一次次的热播，抗美援朝那段可歌可泣的历史篇章，再次激发亿万中华儿女强烈的爱国热情。特别是，那条打不断、炸不烂的钢铁运输线，决定了战争胜利的进程。

在河北省邯郸市区铁路大院，住着一位名叫贾世才的长者，离休前是邯郸机务段的老段长。人们敬重的这位老人，不仅是抗美援朝战争的亲历者，更是驾驶军列在战火与硝烟中驰骋在钢铁运输线上的火车司机。

20世纪50年代初，美帝国主义悍然发动侵朝战争，把战火燃烧到鸭绿江边，直接威胁新中国的国家安全。1950年10月，中国人民志愿军雄赳赳气昂昂跨过鸭绿江。战争初期，美帝国主义凭借空中优势，时常出动飞机对朝鲜进行狂轰滥炸，志愿军的交通运输线成为敌机轰炸的重点目标。战时后勤保障问题也成为志愿军面临的严峻考验。

在此形势下，大批铁路职工积极响应"抗美援朝、保家卫国"的号召，到达朝鲜，成为志愿军铁道兵，主要从事列车运输、线路修复、车站调度等任务，并创建了一条打不断、炸不烂的钢铁运输线，保证志愿者

41

急需物资源源不断地输送到前线。贾世才就是其中一员。

1951年6月,时年25岁的石家庄机务段司机长贾世才,主动请缨参加抗美援朝运输队。段领导选出9名思想、技术过硬的乘务员赴朝,贾世才名列其中。这个16岁就来到石家庄机务段当学徒工的农村小伙儿,好学上进、血气方刚。1947年,段领导把他送到当时的华北交通学院重点培养。毕业后,贾世才直接来到青年包乘组当上了火车司机。

1951年6月21日,贾世才与父亲、妻女告别,和伙计们驾驶731号机车一路北上,按时到达东北通化口岸。当时,朝鲜铁路有三条干线与我国东北铁路口岸站相邻或相接。朝鲜境内铁路的特点是穿山多、钻洞多、上下坡道多,安全行车的难度很大。

6月26日晚,贾世才和伙计们趁夜色拉着军用物资驶过鸭绿江大桥,奔向朝鲜满浦车站。机车乘务员虽不是前沿阵地直接杀敌的将士,但作为军用物资列车的输送者,却是敌机的重要目标。朝鲜北部铁路咽喉新安州、西浦、价川之间的"三角地",是美军"绞杀战"的重点地域。贾世才和伙计们经常穿梭于"三角地"运送武器弹药,一次次躲过炮火完成任务。

为减少因敌机袭扰造成的损失,贾世才和伙计们"昼伏夜动"。白天,把机车及货车停到山洞中,大伙儿一般会在山洞外的隐蔽处或朝鲜老乡家休息。饿了吃些炒面,渴了接些山沟里的水喝,有时候水浑得厉害,就拿毛巾蒙在茶缸上面滤着喝。晚上列车开动,包乘组9个人分三班,一班人上班、一班人防空、一班人候班。遇到机车洗炉前汽儿不好烧时,包乘组就三班变两班,一人开车,四个人轮流烧火。为防止敌机晚上偷袭,列车除了进行灯火管制外,机车的司机室也要用里外三层的红黑布严严实实地罩起来。因为在打开司机室的炉门加煤时火光很大,不这样做很容易被敌机发现。开车的司机则从一个专门挖的小口中伸出脑袋瞭望前方的线路,手中的气门、手把、闸把只能靠感觉来操纵。在密闭空间烧火的伙计们苦不堪言,甚至会因为严重缺氧而晕倒。

7月,一场40年未遇的特大洪水席卷了朝鲜北部。洪水冲毁了大量的桥梁和道路,原本1200多公里的铁路线,能通车的线路仅剩290公里。一天夜里,贾世才在行车中突然发现,山上滚落的一块巨石卡在路基中间,他当即一把闸刹住列车,车头已经顶上了巨石。贾世才不等不靠,招呼伙计们费了九牛二虎之力,才把巨石挪开,使列车重新开动。还有一次,机车需要回到国内东北地区洗炉,但前方线路上的桥梁被炸。便桥搭好后,人们走在枕木竖着搭起的桥面上都两腿发软,贾世才却要求第一个驾车试行。机车驶上便桥,桥墩吱吱作响。冒死通过便桥后,他对大伙说了一句:"大不了就援朝到底呗!"当时,人们把抗美援朝牺牲称为"援朝到底"。

贾世才是司机长,更是一名优秀的共产党员。因为技术娴熟、团结同志,哪台机车人手不够时,领导便会想起他。本段支前的两台机车731号和1935号他都上过,就连兄弟段的机车他也上过。在1935号机车包乘组担任司机长时,贾世才得知,全国铁路系统为支援国家经济建设和抗美援朝,开展了"满超五"劳动竞赛。他便与731号机车包乘组结成对子,在朝鲜战场赛了起来。贾世才和伙计们凭着务实的作风和科学的态度,在国内长甸口岸,将三列重车编成一列,一举试拉成功,直接将物资送到了前沿阵地。接连好几个月,1935号完成的任务量总是排在第一名。上级有关部门又是给他们记功,又是颁发锦旗。

1953年,27岁的贾世才在火线上光荣提干,成为负责20多台机车运输、保养任务的连组长。任务更重了,然而他的革命干劲更强了。抗美援朝运输队从国内出发时,上级规定人员三个月一轮换。贾世才先前在的731号机车一同赴朝参战的9名工友中,3名陆续回国,5名同期入朝的以及后来增补的4名乘务员均在敌机轰炸中壮烈牺牲。

　　为了祖国后方的和平安宁,为了给牺牲的工友报仇雪恨,贾世才始终在枪林弹雨中艰难前行。直到朝鲜战场停战协定签订,他还亲自驾驶祖国慰问团专列赴板门店慰问演出。他是石家庄机务段唯一一个亲身经历了朝鲜战场漫长艰难岁月、亲眼见证了抗美援朝取得伟大胜利的英雄司机。

　　贾世才原本有个幸福的六口之家,老伴贤惠,儿女优秀。1992年,同在铁路工作的老伴、"贤内助"因脑出血去世。年近七旬的老英雄贾世才,坚强面对,战胜孤独。2015年,老英雄贾世才患上结肠癌。手术后,老英雄听说党中央、中共河北省委号召省直部门下乡扶贫,贾世才便积极支持在石家庄铁路系统工作的独生子报名参加扶贫。2016年2月,儿子奔赴河北省易县南城司乡奇峰塔、蔡家庄村参加扶贫工作,一干就是3年9个月,从扶贫岗位上直接退休。得知儿子贾子立和同志们的扶贫点被中共河北省委评为河北省先进扶贫点,贾子立本人被评为河北省扶贫先进工作者,老英雄贾世才十分高兴。他想,虽然年老的自己上不了扶贫第一线,但儿子替他完成了一名老共产党

◎战功显赫的贾世才

员的心愿。2020 年,贾世才右腿根发生血栓,手术过后,老英雄面对病魔依旧淡定,已经退休的儿子来到身边,亲自照顾英雄父亲。

2020 年 10 月,党中央隆重纪念中国人民志愿军抗美援朝出国作战 70 周年。一枚沉甸甸、金灿灿的"中国人民志愿军抗美援朝出国作战 70 周年"纪念章,挂在了老英雄贾世才的胸前。进入建党百年的 2021 年 7 月,老英雄胸前又多了一枚由党中央颁发的"光荣在党 50 年"纪念章。老英雄将两枚珍贵的纪念章与因抗美援朝获得的军功章珍藏在一起,抚今追昔,思绪万千。他想起了战场上为国捐躯的战友,想起了家国如今翻天覆地的巨大变化,想起了以习近平同志为核心的党中央发出的实现中华民族伟大复兴的号召。耄耋之年的贾老英雄依旧扶着小车,在铁路大院遛弯时,以自己的亲身经历和切身感受,向身边人讲述生动的中国故事。

春风化雨 爱心传承

◎北京西站 宋建国

"有困难,找'036'"在北京西站流传已久,这是几代"036"客运员对旅客的郑重承诺。这句承诺,历经岁月,依旧如初。说起"036",还有这样一段故事……

1988 年,编号为"036"的客运员李淑珍正在岗位上忙碌,一位衣着简朴的旅客焦急地走到她面前说:"同志,我急着回赤峰,买票时才发现钱包丢了! 你说这可咋办啊?"见旅客神情焦虑,她暖心地安慰道:"您甭着急,这大中午的,您还没吃饭吧?"说着,便亲自煮了一碗挂面端过来,面汤里还埋了一个煮鸡蛋。随后,她又买了一张去赤峰的火车票,递给眼前这位素不相识的旅客:"您先赶紧回家吧,等您啥时有钱了也有空了,就再来还我吧。"这一行为让候车室众多旅客纷纷点赞,更是深深打动了眼前的这名"困难旅客",心中不禁暗自感叹:"这名'036'号客运员果真名不虚传。"

原来,这名"困难旅客"是时任铁道部部长李森茂。20 世纪 70 年代,往来于西直门站(现北京北站)的旅客,纷纷向铁道部致信表扬一位编号为"036"的客运员。一年又一年,表扬"036"号客运员的信件越来越多。那"036"号客运员真的有旅客夸得那么好吗？为了求实，李森茂只身一人来到西直门站，悄悄进行了这次"暗访"。"暗访"归来，李森茂深受感动，要求全路客运系统向"036"号客运员学习。

转眼到了1992年，李淑珍要退休了，她把自己心爱的"036"号胸牌，连同35年来热情服务旅客的经验，一起传给了年轻徒弟宋敏娟。自此，宋敏娟、胡宗英相继成为第二代、第三代"036"人，她们发展创新了李淑珍的工作方法，把服务提升到了一个新水平，特别是形成了"诚信待客、热心服务、真心助人、实心爱岗"的"036"精神。

1998年3月，宋敏娟被调到北京西站工作，并将"036"的好传统、好做法带了过来。1999年7月15日，一块写有"有困难找'036'"字样的标牌，挂在了北京西站二楼大厅第二候车室的一角。从那一天起，第二候车室成了专门为老弱病残孕旅客服务的"036"候车室。42岁的王凤莲和几名同事一起戴上了"036"号胸牌。"036"开始由一个人变为一个集体。

作为"036"客运班组的领军人物，王凤莲带领班组的30多名工作人员认真践行"036"精神，积极提升服务质量，赢得了旅客的广泛赞誉，并光荣地当选为全国劳动模范。她在"036"候车室一直工作了13年，直到2012年退休前的最后一天，仍然在这里忙碌。

岁月更替却阻挡不了爱心的传承，王凤莲退休后，她的徒弟王琳娜成为"036"的第五代接班人。在"036"候车室的18年里，她帮旅客垫付过票款，救助过突发疾病的人，帮助过离家出走的小孩顺利回家，迎接过两个小生命的到来，用轮椅接送过的老人和残疾旅客更是数不胜数。

2017年3月4日，正值夜班的王琳娜注意到两名军人架着另一位腿部受伤的军人向候车室走去，行动极不便利。于是，她上前拦住三人，并推着轮椅将受伤小伙接到第二候车室休息。通过交谈，王琳娜了解到受伤的小伙子姓邵，是某部队歌舞团的舞蹈演员，这次专门来北京演出，可排练时腿部意外受伤。"养兵千日，用兵一时。苦练了这么多年，眼看就要在梦寐许久的舞台演出了……"说着，小邵长叹一口气。为鼓励落寞的小邵尽快振作，王琳娜真诚地安慰道："人生的路很长，你还年轻，还有很多机会，回家好好养病，我在北京等着看你的演出！"交谈过程中，她还进一步了解到，由于时间仓促，小邵没有买到卧铺票。担忧其腿伤的王琳娜便提前将他送上车，联系列车长设法给他安排了一个乘务人员的下铺，又推着轮椅把他送到卧铺车厢，将他安排在卧铺上才放心离开。分别时，小邵坚持站了起来，给她敬了一个标准的军礼，连说三声："谢谢王姐！"同年6月，已康复归队的小邵给她发来短信，再次感谢了王琳娜当时对他的帮助以及精神鼓励。

在很好地传承了前辈精神的同时，王琳娜更是言传身教培养出一批年轻的"036"式的客运员。多年来，北京西站的"036"为成千上万名旅客提供了优质的服务。每一位在这里工作的客运员，脚步总是那么匆忙，冬天满头大汗、夏天湿透衣衫，每天几乎都要在站台和候车室间奔走10公里。候车室的服务台上，总是摆着一本厚厚的《重点旅客服务册》，每一位重点旅客的姓名电话、乘坐车次、所需帮助，都会在服务册上记录得很清楚。而这一本不算薄的小册子，平均不到3天就会用完一本。而南来北往的旅客也纷纷"广而告之"：有困难，就找"036"！

2019年1月22日，王琳娜接到求助电话，G666次列车有一名出生仅13天、患有先天性心脏病的婴儿，必须使用电动制氧机维持生命，一旦断氧5分钟以上，就会有生命危险。得知这一消息，她带领班组成员提前做好预想，制定最佳线路，布置好每一个细小环节，为小生命争取最快的时间。确认救护车位置后，安排好电梯。列车到达，制氧机断电，从此刻起便开始计时。一路上，王琳娜小心翼翼并紧紧地抱着制氧机,心想着跑快一点,再快一点,一定要争取每一秒钟。通过和班组其他同事一起努力,不到 3 分钟,就顺利将婴儿送上救护车。插上氧气的那一刻,所有人都松了一口气。看到孩子微微睁开的眼睛,大家紧张的心情才放松下来。这时,孩子的妈妈紧紧握住王琳娜的手,哽咽地说:"谢谢你,真的谢谢你们,等孩子长大了,我一定会告诉他,在他的身上倾注了多少人的爱。"

◎"036"客运员热情服务旅客

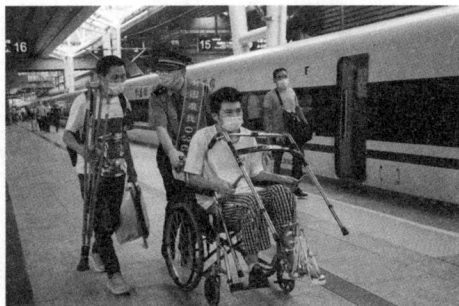

◎"036"客运员热情服务旅客

短短二十几载时光在历史的长河中只是转眼一瞬,于"036"品牌而言,却是坚守岗位,始终秉承"诚信待客、热心服务、真心助人、实心爱岗"的"036"精神,向着高标准、严要求奋勇前行的成长史。光阴流转,"036"已成为先进称号的代名词,更是熠熠生辉的铁路优质品牌,先后获得了全国五一劳动奖状、全国青年文明号和全路火车头奖杯等荣誉。爱心,代代传承;品牌,恒久响亮。

千磨万炼要坚韧　就有希望在等你

◎石家庄工务段　王小三

　　我于 1979 年参加工作,2020 年 11 月退休。曾担任石家庄工务段线路工、班长、工长、支部书记、车间主任等职,可以说工务段的一线岗位都有我历练过的身影。拥有 40 余年工作经历的我,见证了铁路的改革发展,见证了石家庄工务段的发展变化,也见证了石家庄工务段的设备、环境面貌的变迁和改观。可以说,是石家庄工务段"艰苦奋斗、拼搏奉献"的企业精神铸就了我的前半生。

　　我刚参加工作成为一名养路工时,感到无比自豪。可我的师傅曾说:"你选择了工务段,就选择了一辈子吃苦奉献。"在那艰苦的工作条件、生活环境下,为了确保铁路的安全畅通,每天起早贪黑和肩扛四大件作业时,我才真切感受到师傅对我说的"吃苦奉献"四个字的真正含义。特别是在我的周围,一个个鲜活的事例和榜样,爱岗敬业、忠于职守、甘愿奉献,一直深深地鼓舞、激励着我。当时,我就暗暗发誓,一定要把工作干好,干出成绩来。不求轰轰烈烈,但求踏踏实实;不求点滴相报,但求青春无悔。用我的真实、真诚和热情,干好每项工作。因此,无论在哪个岗位上,我都努力提高自己,努力做得更好。

　　我段管辖的石太线是晋煤外运的主要通道,地形复杂,曲线多、隧道多、桥梁多、曲线半径小、线路坡度大。当时设备基础差,三级线路承载着超一级线路的运量,维修的难度可想而知,实现百日无事故难上加难。曾有一句经典的话"安全生产,成也石太,败也石太"来形容石太线安全的重要性。在这种艰苦条件下,我段靠着全段每一名干部职工的坚守,靠着全段干部职工的拼搏奉献精神,靠着"人在阵地在,誓死保石太"的战斗意志,实现了一个又一个的百日无事故。

　　2004年2月25日,我段获鹿车间辖内石太线下行26公里处发生了翻车掉道重大事故,进而中断了石太线上下行的行车和我段多年连续的百日无事故,打乱了石太线运输秩序,给国家造成较大的经济损失,也给我段荣誉造成了不可挽回的影响,干部职工情绪相当低落。同时,也正是因为此次事故,开启了石太线建线的大会战。我临危受命,被调任获鹿车间党支部书记,肩负着稳定职工队伍、大打设备翻身仗的重任。面对20天内车间管内18条曲线改造、管内设备全面整修、获鹿站4条线路大修、10余万方的污土清理和室内外环境大整治等难以完成的艰巨任务,我深感责任重大。干部职工们舍小家顾大家,齐心协力、苦干实干,每天工作都在15个小时以上。车间办公室拆除了,工区环境进行了全面整治,干部职工连休息的地方都没有,累了就在院内坐一会儿,困了在板凳上打个盹,醒来就接着干。20余天下来,车间主任消瘦得只显大眼,我的体重也不足百斤。尽管这样,也没有一名干部职工说苦、叫累、埋怨。经过大家的奋力拼搏,圆满完成了领导交办的艰巨任务,一次验收合格。当看到全局建线现场会成功召开、石太线建线成为全局建线样板时,才真正感受到我们付出的值得和取得成绩的不易,这就是我们石工人。

　　随着铁路的快速发展,全路第六次大提速开始,以及动车的开行,又一次开启了我的岗位变迁,从获鹿车间调入客站车间任主任。新的岗位、新的环境、新的考验又摆在了我的面前。客站车间位置特殊，地处京广、石太、石德三线交汇处，运量较大，但设备基础较为薄弱，百余组道岔 95% 以上是 50 千克/米的木枕道岔，基础薄弱、复杂陈旧，复交加菱形、疲劳加失效、翻浆加板结，同时又面临石家庄站即将搬迁、设备上不再投入的问题。就是这样的设备，别说达到轨检车优良，就是达到合格已是难上加难，但它关系到我段荣誉，客站好则我段好。我立下"军令状"，在最短时间内设备质量要达到优良，不达目的不罢休。

我深入工区，利用点名会、交班会、学习会等多种形式，提高职工队伍技术素质。结合自己多年的经验，给职工特别是工班长讲述特殊设备整治方法、复杂设备作业程序和作业标准。利用参加盯控作业同职工一起干活的时机，手把手讲解、传授作业方法。通过培训，职工的素质有了显著提高，为设备的整治奠定了基础。我周密计划，精心组织，从严入手、从细抓起，充分发挥职工的聪明才智，对管内设备全面的起、拨、改、捣、垫和"五花大绑"，对伤损辙岔进行焊补，对翻浆地段进行筛、挖、垫综合整治。干部职工主动放弃休假，放弃与家人、朋友团聚的机会，不管寒冬酷暑，还是狂风暴雨，都坚守在自己的岗位上。就在这时，我接到了家人的电话，说 90 多岁老父亲生病住院，并轮番催促我请假回家照看父亲。同事们也劝说我抓紧回家。可是，此时正值旧站拆、拨、改造以及设备全面整治的关键时期，我不忍心离开岗位啊！我望着如织的车流，看着干部职工们忘我的干劲，我的眼睛湿润了。半个月后赶到医院时，只能含泪对老父亲说："不孝的儿子看您来了。"身为老工务人的父亲，深知儿子肩负的责任，他说："你也半百的人了，注意自己的身体，回去把安全把住，我这里你就放心吧。"在干部职工的共同奋斗下，不但在最短的时间内使设备有了较大提高，而且也为我段节省了大量资金，创出了客站车间在京广线评比中时刻保持前两名的好成绩。

　　有一次，动车开行时，辖内柳辛庄站两组侧向通过道岔需要更换。在部、局调研和更换方案确立后，两组 60 千克/米的 18 号道岔从连夜调运、组装到更换开通，留给我们只有两天两夜的时间，又一个艰巨的任务摆在了我们面前。时间紧、任务重，怎么办？喊破嗓子不如干出个样子，用自身的形象去影响和带动职工。我边学边干，既指挥又战斗，吃饭也在现场，最终和职工一起经过两天两夜的连续奋战，创造出了又一个奇迹。当第一趟动车安全平稳通过时，我流下了激动的泪水，这就是我们石工人。

　　有时候我也很脆弱，一句话、一件事就可能让我泪流满面。但有时候回头看看，原来我也咬着牙走了很长的路——有过风风雨雨、有过红红火火、有过坎坎坷坷、有过起起落落、有过酸甜苦辣。虽然我也曾失去过很多，但坚定的信念让我一往无前，挥洒热血、奋力拼搏，我无怨无悔。

　　在这 40 余年里，我的岗位多次变迁，但我始终把爱岗敬业、以身作则、甘于奉献作为自己的座右铭。无论在什么岗位上，我始终认为干好事业，靠的是对企业坚贞不移的忠诚之心、靠的是对岗位坚守和对工作一丝不苟的责任之心、靠的是遇到困难不折不挠的拼搏之心，要把事业放在心上，尽职尽责、埋头苦干，全身心地去投入，去承担自己应承担的责任，这样才能实现自身的价值。

　　高速铁路大发展时代已经到来，随着维修体制改革的不断深入、设备条件和基础的改善、天窗维修的开行，原有的维修体制和维修方法已无法适应现代高速铁路发展的需要。有人问"艰苦奋斗，拼搏奉献"的企业精神是不是过时了，答案是否定的。"艰苦奋斗，拼搏奉献"是石家庄工务段的优良传统和作风，是石家庄工务段的灵魂。如何适应新的时代、新的要求，解决新的困难、新的问题，这就赋予了"艰苦奋斗，拼搏奉献"企业精神新的内涵。面临着规章制度严、技术含量高、质量要求细、维修时间短和维修人员少等前所未有的困难，需要青年们去承担你们的责任、去奋斗你们的事业、去坚守你们的岗位、去创新维修的方式方法，最大限度发挥聪明才智和能量。需要青年们继续大力弘扬"艰苦奋斗，拼搏奉献"的企业精神，牢记职责担当，脚踏实地立足本职岗位，把本职工作做好，积极学习技术理论知识，努力增强自身素质，做到技术游刃有余、工作精益求精、岗位兢兢业业，高质量地完成任务，为铁路运输提供安全、优质、平稳、舒适、畅通的线路设备质量。

最后，送给青年朋友们一段话——你的责任就是你的方向，你的经历就是你的资本，你的性格就是你的命运。千磨万炼要坚韧，就有希望在等你。如果你愿意承担成长的责任，那么你就会获得成长的权力；如果你为事业竭尽自己的所能，

◎王小三对青工进行优良传统教育

那么事业就会给你成长的机会；如果你以积极的心态和全心的坚守去对待事业，那么精神意志和工作能力就会在你的事业发展中得到提升。用最努力的行动和最积极的态度为你的事业成长尽心尽力，就是你为之奋斗的目标。

不忘初心至诚至真　心怀大爱平凡伟大
——全国劳动模范张润秋的故事

◎北京南站　李书琦

张润秋是北京南站客运车间业务指导,也是润秋服务组负责人。张润秋同志在铁路客运服务的岗位上,始终坚持"让人民群众满意"根本标准,积极践行"人民铁路为人民"宗旨,把全部身心投入高铁客运服务工作中,在平凡的岗位上作出了不平凡的业绩。

践行初心　用爱服务

1999 年 8 月 1 日,刚刚毕业的张润秋被分配到老北京南站售票车间。那年月,旅客为买票,需要跑好几趟车站,甚至连夜排队都是常事。张润秋很是心疼,觉得旅客出个门不容易。就是出于这份心疼,她经常主动帮助那些年纪大、腿脚不便的旅客跟踪余票信息,尽最大努力为他们买票提供便利。2008 年 8 月 1 日 12 时 35 分,C2275 次列车从北京南站缓缓驶出。从这一刻起,中国正式跨入高铁时代。张润秋回到了既熟悉又陌生的新北京南站担任值班站长,负责处理乘车、候车各种"疑难杂症"。2008 年 9 月的一天,张润秋正在服务组执勤,一位 60 多岁的老大娘哭喊着朝润秋服务台跑来,张润秋见状急忙上前安抚并询问情况。原来,老大娘是来北京接 10 岁且患有孤独症的孙子回天津的,可稍没留意,孩子就不见了。张润秋听后,立即根据孩子的体貌特征,用对讲机联系广播,组织大厅和站台工作人员帮助寻找,但一番寻找后并没有结果。老大娘急得号啕大哭,张润秋心里也焦急万分。她一边安慰老人,一边根据以往经验冷静分析,觉得孩子很有可能跟着检票人流上了车。于是,便与刚发车列车的列车长取得联系,请求帮助。经过列车工作人员在车厢内的仔细寻找,终于在列车到达天津站前找到了孩子。张润秋请列车长随折返列车把孩子护送回北京南站。1 小时 20 分钟后,老人在张润秋的陪同下,从列车长手里接过小孙子,老人一把抱住孩子老泪纵横,一旁的张润秋也不禁掉下了眼泪。

2015 年 12 月 9 日 12 时左右,旅客徐先生准备陪着怀孕的妻子回家待产。两人刚到车站,妻子突然感到一阵腹痛,说孩子要早产。见情况不妙,徐先生上气不接下气地跑到服务台求助。张润秋了解情况后,立刻联系救护车,并全站广播寻找医生,同时安排车站工作人员帮助办理退票手续。这时,有位职业是医生的旅客赶来,查看过孕妇情况后说:"产妇情况紧急,必须立即送往医院!"但救护车还没有到,产妇又不能站着走路,天太冷,张润秋怕产妇着凉,先脱下自己的大衣盖在产妇的身上,同时抓紧组织大家抬着椅子将孕妇转移到东进口通道内等待救护车。时间分秒过去,产妇实在等不到救护车来接便要生产。张润秋急中生智,让同事们立即去打热水,找消毒巾,拿围帘,现场搭起了一个临时产房。大家在医生的指导下通力配合,随着一声啼哭,一个小生命降生了!由于车站医疗条件有限,张润秋只能按照医生的嘱咐暂时掐住脐带,等待急救人员的到来。这期间,张润秋用纯净水帮孩子进行细致擦洗,同事们又找来衣服和棉被把孩子包裹严实。救护车一到,张润秋和同事们立即将产妇和孩子抬上车,并亲自护送产妇和孩子到附近医院进行专业产后处理。经检查,孩子体征平稳,母子平安。几天后,徐先生为润秋服务组送来一面锦旗表示感谢,并为张润秋临危不乱的应急能力点赞。

张润秋说:"人生因服务而美丽,服务因用心而精彩。"她将服务装入心内,将旅客当作家人,在传播爱的同时也收到爱,用真诚无私的服务赢得了广大旅客的理解与赞誉。她始终坚持用微笑迎送五湖四海的旅客,用专业解决各种各样的问题,用真心践行为人民服务的初心。

岗位奉献　尽职尽责

2010 年国庆节刚过,张润秋意外发现自己怀孕了,在要不要这个孩子的问题上,她陷入了矛盾。一方面,她刚刚获得全国劳动模范的荣誉,且正是润秋服务组筹备的关键时刻,更应该全身心地投入工作;另一方面,谁都知道年龄不饶人,她和爱人于 2004 年结婚,6 年来公婆及爱人对孩子望眼欲穿,她实在不忍拒绝老人和家人的那份渴望,31 岁的年纪如果这次做了流产,可能会给以后的生育埋下隐患。张润秋内心十分纠结,在和爱人反复商量后,以极度矛盾的心态,向党组织汇报了情况。没想到党组织给了张润秋极大的支持和鼓励,让她一定要把自己的身体和孩子的健康放在首位。抛下了心理负担的张润秋以更加积极的态度去对待工作。然而,每天需站立超过 8 个小时的岗位性质,导致身体向她发出了危险信号。产检时,医生强烈建议她卧床休息。但是润秋服务组就要挂牌成立了,张润秋根本无法安心休息。在润秋服务组挂牌成立的前一天,她准时出现在了进站大厅里。2010 年 11 月 24 日,润秋服务组挂牌成立。从一个人到一个团队,张润秋更忙了。随后,为了保证怀孕期间的母子安全,车站领导特批她可以坐着为旅客服务,并且可以随时休假。但她始终坚持站着接待旅客,因为她觉得旅客站着而自己坐着是一种不礼貌，也是一种不尊重。2011年春运开始后，随着客流的逐步攀升，工作量日益增加，早来晚走成为家常便饭。张润秋住在大兴区，上下班路上要花费两个小时。为了兼顾肚子中的宝宝与工作，她在北京南站附近以每月2800元的租金租了一套房子。有人说她傻，光环都有了，孩子也有了，不必太拼命。可张润秋不这么认为，她觉得作为一名共产党员，要带头发挥党员的先锋模范作用，做人要脚踏实地，工作更要有奉献精神。

2012年8月，张润秋的公公去世临近100天，小宝宝又正好感冒发烧，事情一桩接一桩。而车站这边，因浙江沿海一带台风肆虐，京沪高铁连续3天大面积晚点。每天早7点上班，晚上不知道几点能下班。那一阵，张润秋和同事们没有休息过一天，忙完了班组的工作，还主动帮助三班处理问题。一天中午，张润秋的婆婆打电话来让她问问自己的母亲，在公公去世百天那天，母亲能来

◎润秋服务组热情服务旅客

帮助照看生病的宝宝吗？可是电话刚打通，润秋母亲就跟她说："孩子，妈妈告诉你个事儿，你先别着急。妈妈被人撞了，3天了，没敢告诉你，怕影响你的工作。"张润秋当时听了心里就咯噔一下，刷的一下眼泪就掉了下来。电话那头的母亲听见润秋哭了，连忙安慰："妈妈现在没事了，在家养着呢。你公公去世100天，我和你爸爸去不了了，你

帮忙跟你婆婆解释一下吧。本来不想告诉你的,知道你工作忙,电视上都说了,你们车站的车都晚点了,你要做好自己的工作,别担心妈妈,你是党员,要带好头。"放下电话的张润秋哭了,身为一个女儿,母亲病了不能在床前尽孝;身为一个母亲,女儿病了不能悉心照顾。家里需要她,但是岗位更需要她。事后,张润秋说道:"我知道我肩上的责任是什么,我知道我是一名党员,我知道我是姐妹们的主心骨,我更知道在这个时候一定不能退。我作为一名普通的职工、普通的党员,我深深知道我所做的一切,与同在铁路行业里工作的其他先进党员和劳模们比,实在是微不足道。所以,我只有更加努力的工作,向党交出一份出色的答卷,才能回报党组织的这份呵护与关爱。"

带好团队　传递温暖

润秋服务组以现代化客运服务为目标,为老幼病残孕等重点旅客点亮了爱心之光,搭建了家的港湾。"润秋服务"品牌已经成为高铁服务中一张亮丽的名片。记得有一次,京沪高铁受大风影响,列车大面积晚点停运,中午 12 点后北京南站所有到发列车相继晚点,停运列车数量不断增加,导致候车区旅客越聚越多,旅客的情绪也愈发焦躁。服务台前黑压压的全是旅客,有问列车什么时候开的,有问某趟车次是否停运的,来自候车旅客的质问一个接一个,有些情绪激动的旅客甚至开始拍桌子,冲张润秋和姐妹们大声嚷嚷。混乱中,一位旅客突然扬起手掌就要给张润秋一记耳光,幸亏被身边的一位阿姨及时拉开,张润秋才侥幸躲过。身边的姐妹们都吓坏了,张润秋的眼泪也在眼里打转,但她始终没有让眼泪流下来,而是选择坚强面对,将服务做得更到位。她依旧耐心细致地为旅客解答疑惑,不断跟踪列车晚点情况,并时不时到候车区中查看有无需要特别帮助的旅客,安抚幼儿旅客情绪,尽其所能帮助所有旅客尽快踏上回家的列车。张润秋的一系列举动很好地安抚了旅客情绪,更向姐妹们诠释了一名共产党员的担当。列车运行秩序恢复后,旅客渐渐散去,小姐妹们纷纷向张润秋竖起了大拇指。

◎润秋服务组耐心解答

2012 年元旦,正在值班的张润秋接到了一个从纽约打来的越洋祝福电话。打电话的是年逾古稀的华侨于凯文。原来 1 个月前,老人在出差中因心脏病发作动了手术,不巧又赶上痛风发作,以致寸步难移,当天老人乘坐 G14 次列车从上海返回北京。得知情况后,张润秋早早在站台等待,车一到达,她就把老人扶上了提前准备好的轮椅,并帮老人叫好出租车,亲自将老人护送回宾馆。"如果当时没有你们的爱心相助,后果不堪设想。"老人满怀感恩地说,"在祖国仍有那么多活跃在群众中,为旅客排忧解难、嘘寒问暖的'活雷锋',实在令我感动不已! 在这里,我谨向你和润秋服务组深深致谢,致敬!"

在张润秋的带领下,服务组的整体服务水平不断提升。2011 年 6 月随着京沪高铁开通运行,每天到发旅客近 30 万人,需要帮助的重点旅客也越来越多。润秋服务组每天帮扶重点旅客 1000 人以上,日均为旅客解决问题 1500 余件,接受咨询上万次。面对重点旅客购票难、出门难、上车难、出站难等问题,服务组先后开设"润秋热线""润秋微博",创新开展预约服务、咨询服务、引导服务、"站车"联动服务等爱心服务,总结提炼出高铁车站"六式六心"服务法,为不同群体的重点旅客提供"私人订制式"专属服务,实现了让旅客体验更美好的目标。

多年来,张润秋和她带领的服务组共收到感谢信 9000 余封,锦旗800 多面,她们的先进事迹先后被《人民日报》、新华社、中央广播电视总台、《光明日报》及地方各类媒体宣传报道 1200 余次。张润秋本人先后获得全国劳动模范、全国服务明星、全国铁路优秀共产党员标兵、全国铁路标杆班组长、北京市创先争优优秀共产党员、北京青年五四奖章、中华儿女年度特别推荐人物等荣誉,成为高高飘扬在中国高铁车站的一面旗帜。

艰苦奋斗传家宝　邯长精神永相传

◎邯郸车务段　高文军

"巍巍长城挽起臂膀,涛涛渤海日出东方,燕赵大地车轮滚滚,高铁奏响时代乐章……我们是豪迈的京铁人"。

作为一个三代都是铁路人的"铁三代"家庭,每当听到这激昂而熟悉的《京铁之歌》,都会忍不住心潮澎湃,它唱出了我们全家的共同心声。我们这个大家庭,世代受党的恩泽、铁路的滋养,对党、对铁路有着深厚的感情,我们全家也为能成为铁路人而倍感自豪。

拉开时光的大幕,从新中国成立初期开始,我们家就开始了和铁路的不解之缘。1950年我父亲参加铁路工作,1971年我进入铁路。跨入21世纪,2001年我的儿子大学毕业,同样被分配到北京局集团公司管内的铁路单位工作。作为干了一辈子的铁路人,我亲身经历了铁路在国家改革开放进程中发生的翻天覆地的变化,同时深刻地认识到,只有国家强盛,才有铁路繁荣,才有员工幸福。

我对铁路的认识,是从跟着父亲去沿线小站干活开始的。当我走进车站,看到笔直锃亮的钢轨、干净帅气的列车员、喷着白烟的蒸汽机车时,羡慕向往之情油然而生,心里暗暗发誓,长大了我也要当一名铁路工人。父亲是建筑段的泥瓦匠，沾满泥点的蓝色工作服、已经看不出什么颜色的工具兜和叮当作响的瓦刀抹子，似乎永远是他的标配，别看干的是最基本的砌墙抹灰等工作，可是他干活特别认真，从不偷懒耍滑，要不怎么能成为7级瓦工呢！他经常跟我说："咱干活要对得起组织，对得起良心。"

1971年，带着父亲的嘱托，我如愿参加了铁路工作，被分配到了马磁线的一个三等车站。1984年，邯长线建成通车，我作为第一批走进大山的邯长人，用30多年的亲身经历，见证了整个邯长铁路的发展过程。

邯长铁路于1978年开始建设，1984年全线建成通车，地处太行山脉腹地，有的车站前后都是隧道，车站建在了两个山头之间，前不着村后不着店，交通极为不便，上下班的职工只有乘坐通勤车才可以进出。那时候在山里小站上班，要想买点生活用品就只能等着每周一次开行的"生活列车"了。20世纪80年代初期，一提到"生活列车"，"跑通勤"的人们就有聊不完的话题。"生活列车"就像现在的大型活动超市，列车上的日用品、蔬菜、调料品等相当丰富。列车开行到山里各站，车站就像集市，在车站上班的各单位人员和家属，以及周边居住的老百姓都你追我赶地往车站跑，都生怕去晚了买不到需要的物品。购物的场面别提多热闹了，各站上的职工们就像过节一般，都争着抢着付款采购。在"生活列车"的尾部，还挂着水罐车。由于邯长线通车后，山里的车站喝水困难，饮用水要从山外往山里运，因此"生活列车"拉着的水罐车在出发前都要灌得满满的，在停靠站时人们都拿着水桶前来接水。

入路以后，我先是担任调车员。调车员是铁路行业里工作环境差和劳动强度高的工种，每天作业都是手持着信号旗，常年扒乘在车列上，摘钩提钩、拧闸放鞋。夏日里，头顶着烈日，脚下是又烫又硌脚的石砟，车厢外层铁皮的温度高达 70 多摄氏度，汗水迅速湿透全身衣服，作业完毕回到屋里也只能用毛巾擦擦、扇子扇扇；冬日里，为了方便跳上跳下钻进钻出作业，再冷的天气也不能穿上太厚实的大衣，作业完毕后都是飞奔回屋里靠在火炉旁边，伸出手烤火取暖。

艰苦的环境、单调的工作，一度使我的思想发生了变化，甚至产生"不想干了"的念头。父亲敏锐地发觉我的思想苗头，他语重心长地对我说："三儿呀，我知道邯长线山里苦，可是再苦的工作总是需要人去干，你爸我是老铁路了，你不能当孬种，不能给我丢脸。"父亲的话犹如当头一棒，使我清醒，催我奋进。在随后的日子里，我一步一个脚印，调车员、值班员、站调、安全科科员、副科长直至退休，从一个毛头小子成长为一名管理干部，我由衷感谢邯长线锻炼了我，成就了我。

伴随着个人的成长，我也目睹了邯长线发生的巨大变化。如今，铁路职工的工作条件、生活条件都有了翻天覆地的变化。所有行车岗位夏天有空调吹着凉风、冬天有暖气 24 小时不间断供暖，作业完毕后的职工回到屋里可以放松休息，就连道岔扳动都是在微机上进行控制，扳道房也早已被自动扳道设备取代，现在的站台也不像原来那样破旧，早已建成了花园式的站区，大部分职工上下班都开上了私家车，各站上也都接了自来水，并安装了净水器，职工不光生活用水方便，就连饮水都能喝上纯净水，"生活列车"也早已成为历史。

如今在邯长线与我一起参加工作的第一批工作人员，现在基本都已退休，一批又一批的青年大学生正在成为铁路发展的生力军，我儿子就是其中的代表。2001 年，他从天津铁路工程学校毕业后，被分配到邯郸工务段，当过桥梁工、计工员，现在已经是段里的一名中层干部了。我们父子每每谈起邯长线的这些事，儿子总会用自豪的语气对我说："我们赶上了好时代，就要肩负起我们这代人的责任，用我们的知识和能力把邯长线建设得更加美好。"听到儿子这样讲，我暗自欣慰——邯长线后继有人，铁路事业大有前途。

◎2014 年 6 月邯长线磁山站扩能施工现场

吴红卫/摄

　　望着一列列火车从眼前奔驰而过，不由地感慨万千！铁路的发展速度真是太快了，一晃 40 多年过去了，今天的铁路发展已经进入快车道，邯长线的发展也有力体现了我国铁路发展的速度之快。时代在奔跑，时代在飞跃。站在铁路改革发展的新时代，作为一名老铁路，虽然退了下来，还是会一如既往地关注、支持铁路发展，发挥余热，为铁路发展贡献自己最大的力量。

舍己救人的女英雄

◎北京车务段　郭庆琳

又是一年清明节,在北京车务段定州站东北角的小花园内,青松苍翠,侧柏青青,定州站职工正在进行扫墓活动。这是一座特殊的纪念园,纪念园占地面积约 100 平方米。掩映在一片绿色中的是一座高 3.4 米的半身塑像,那是舍己救人的烈士宋增娣,她牺牲时年仅 28 岁。

1985 年 12 月 16 日清晨,古城定县格外冷,宋增娣同志像往常一样第一个来到单位,清点好备品,打好开水,就开始打扫站台上的卫生,迎送过往的旅客,像每天上班一样热情又熟练。

11 点 30 分,宋增娣照常检查好备品,提前在站台等待接发石家庄开往永定门的 526 次列车。526 次列车是车站的重点列车,每次上下车的旅客都有五六百人。526 次列车乘降的同时,由北京开往乌鲁木齐的 69 次特快列车会通过车站。每当接这趟车,宋增娣都会格外注意。

提前 15 分钟开始检票,站台上人来送往,宋增娣有序地组织进站旅客找到自己的车厢位置,站在安全线以内,一切都有条不紊地进行着。526 次列车开进站缓缓地停了下来,列车停稳后,宋增娣组织旅客先下后上有序乘车。她一边在道口处用温和的语气高声广播："请各位旅客过天桥出站，一道有车通过，请注意安全！"一边指着天桥口方向，提示下车的旅客要通过天桥出站。就在这时，一位刚从526次列车下来的年轻旅客，手提两个大包急匆匆地来到道口处，想通过道口尽快出站。宋增娣急忙解释："一道有车通过，要通过天桥出站。"旅客不顾阻拦，绕开宋增娣拦截的双手，跳下了站台走到股道中心。

此刻，69次特快列车正以每小时97公里的速度飞驰而来，眼看一场旅客伤亡事故即将发生。紧急关头，宋增娣临危不惧，一面高喊"有车"，一面纵身向旅客冲去，使出全身力气把旅客推出道心。旅客得救了，而年仅28岁的宋增娣却献出了年轻的生命。这就是舍己救人的女英雄宋增娣，那一刻她丝毫没有犹豫，毅然决然地推开旅客牺牲了自己。英雄出自平凡，平凡造就非凡。长于平凡、具有朴素价值观、默默工作的宋增娣来不及考虑，甚至没有理性的判断，在别人生命受到威胁的关键时刻，她不顾自身安危，毅然挺身而出拉出旅客，她是实至名归的女英雄。

宋增娣在关键时刻的壮举，不是一时冲动，而是有着坚定理想信念的支撑。1957年，宋增娣出生在河北省定县一个中医世家。父亲是县城里小有名气的中医，医术高明、医德高尚，母亲从事妇幼保健工作。在良好家庭氛围的熏陶下，加上从小就受到雷锋、欧阳海等英雄感人事迹的深深鼓舞，一颗助人为乐的种子早已在宋增娣幼小的心灵里深深扎下了根，她在学生时代就以雷锋为榜样。当时，一位叫彭秀菊的老人，一个儿子在部队，一个儿子患有小儿麻痹症，生活非常困难。她便组织同学组成三人的学雷锋小组，帮助老人打水扫院子、洗衣服做饭。单这一件事，她就风雨无阻地坚持了六个春秋，直到高中毕业离开村子。

1974年，宋增娣曾在妈妈所在的市容小宋公社医院居住，经常帮助妈妈照料病人，只要有外村做手术的病人，宋增娣总要给人家端水送饭。有一次，一位孕妇因流产引起大出血，需要住院治疗而医院又没有床位。宋增娣主动让出自己的房子，并让产妇睡在自己的床上。尽管被褥弄得很脏，她并不嫌弃，还热汤热饭地照顾病人，病人深受感动。

1976 年参加工作以后，她努力学习，积极要求进步，不断提高政治思想觉悟，树立坚定的共产主义理想信念，她在日记中写道："为人民操心最情愿，为人民斗争最幸福，为人民吃苦最愉快，为人民献身最光荣。"

1976 年，宋增娣到岩峰水泥厂工作，看到老工人李长岭家住农村，子女多，生活很困难。宋增娣每逢过节总是拿出自己的钱和粮票，亲自送给李师傅。李师傅过意不去，经济上稍有宽裕就去还宋增娣的钱，她总是婉言推辞，不肯接收。和宋增娣一块进厂的杨素芬的爱人去世了，她没有文化，性情孤僻，想起丈夫就伤心，还时常惦念在家中的两个孩子。为了安慰她，宋增娣经常到宿舍和她做伴，家里有时改善生活，还要给杨素芬送来。杨素芬要给老家两个孩子寄粮食，宋增娣就帮她买、帮她背、帮她往车上送。杨素芬在生活中感到了温暖，她那颗久已封闭的冰冷的心被宋增娣的一片赤诚彻底感化了。

宋增娣乐于助人、无私奉献的事情还有很多，她曾用晚上业余时间为大家放映电影足足 120 余场次，几乎占用了她大部分的休息时间；在定县工作仅 5 个月时间里，有记载的为旅客做好事就达 37 件；脏活重活她抢着干，从未听过她抱怨苦抱怨累；旅客厕所她冲刷得最多；车站候车室、站前广场她扫得最勤；当班也是早早收拾好卫生，打好热水……和她一起工作过的同事回忆："我记得她总是笑呵呵的，话也不多，一直在平凡的岗位上默默地付出。"

1979 年，宋增娣向党组织递交了入党申请书，她写道："我要把一生交给党安排,党的需要就是我的志愿……要为共产主义奋斗终身。"

……

宋增娣同志牺牲后,为铭记烈士的英雄业绩,河北省民政厅批准宋增娣为革命烈士;中共河北省委组织部追认宋增娣同志为中共党员;河北省妇联追认宋增娣同志为省三八红旗手,并授予"舍己救人女英雄"光荣称号;共青团全国铁道委员会、共青团河北省委员会授予宋增娣同志"优秀共青团员"称号;中华全国总工会决定追授宋增娣同志全国五一劳动奖章;铁道部、铁道部政治部、全国铁路总工会、全国铁道团委追评宋增娣同志为全国铁路劳动模范,并作出在全路开展向宋增娣同志学习的决定;北京铁路局、石家庄铁路分局为宋增娣同志记大功一次;石家庄铁路分局党、政、工、团做出关于开展学习宋增娣做"四有"职工、创建文明分局的决定;北京铁路局政治部、局总工会、局团委做出关于开展向宋增娣学习的决定……

纵观铁路发展史,涌现出一大批铁路英雄人物,为人民谋幸福,为民族谋复兴。一代代的铁路青年艰难探索,在拼搏奉献中淬炼了坚如磐石的意志。宋增娣同志虽然牺牲了,但她勇于献身的崇

◎宋增娣烈士纪念园

高精神,像一把永不熄灭的火炬,为我们照亮了前进的方向;更像她的雕像一样,永远屹立在她深爱的土地上,屹立在铁道旁,屹立在每一名铁路人心中。

西武庄工区的经历

◎石家庄工务段　董彦科

　　我叫董彦科,中共党员,于 2020 年 2 月 5 日退休,曾担任过石家庄工务段娘子关线路车间西武庄、程家养路工区工长、工人技师,同时我还是一名退伍军人。回顾我的成长历程,可以说是从熔炉中走出、磨炼中前行的。1986 年,我退伍回到家乡。1990 年我在石家庄工务段西武庄工区当临时工后入路直到退休整 30 年,其间当了 24 年的工长,引以为豪的是在光荣的西武庄工区就当了 14 年工长。工务段的优良传统和西武庄精神一直激励着我、指引着我,使我受益匪浅、终生难忘。

　　我是西武庄工区历史的见证者、西武庄精神的践行者和传承人,很愿意把工作经历讲给青年职工。西武庄工区是坐落在太行山腹地石太线上的一个中途工区,前不着村后不着店,南面靠着海拔 670 米的富岭山,北面是一条河,工区就建在大山脚下。那个时候的西武庄工区真是段里环境条件最差、最艰苦的工区。一是人员构成复杂。二是设备条件复杂,隧道连桥梁、坡道连曲线,石太线最长的两座 1400 米隧道就在我们工区的管辖范围内,最大坡度达到 19.6‰。正应了那句顺口溜:"左边是山右边是河,直线没有曲线多,过了桥梁进隧道,出了隧道就爬坡"。最困难的是,在隧道里干活。那时候都是蒸汽机车,机车排出的煤烟很是呛人,在隧道里干活跟下煤窑一样,"一日进山洞,三日吐黑痰"。三是生活条件艰苦,住宿条件很差,房子由水泥板搭建而成,几个人挤在一个用木枕和稻草支起的通铺。夏天热得不行,就在院子里和房顶上睡,但是蚊子很多,根本睡不踏实。因为工区背靠大山,冬天特别冷,晚上睡觉还得穿着大衣、戴上棉帽,有时候甚至要在院子里跑步,跑暖和了再睡。那时候,没有夜班和天窗时间,每天早上8点上班,中午在现场吃饭,晚上天黑才下班。以前小慢车是不停的,还有一条河挡在工区前面。通勤职工上班,要在程家车站下车,然后步行3公里到工区,而且要过一条河,有几次职工为了走近路还差点被河水冲走。职工婚恋难,到了谈婚论嫁的适龄青年,有的谈了好几个都没谈成,就是人家姑娘了解到对象的工作生活条件后分开的。再一个吃菜难,工区食堂的面粉和小米都是职工自己每个月吃多少带多少。买菜要去娘子关镇,来回20多公里,平时就是萝卜腌咸菜,改善伙食就靠土豆片。所以,职工给工区总结了五大难:工作难、回家难、婚恋难、吃菜难、娱乐难。

面对如此困难,我们工区骨干提出"扎根深山、养路育人"的口号,把稳定思想、凝聚人心作为首要任务。文艺兵出身的工会组长许二科,在我们几个复退军人骨干的大力支持下,很快成立了小乐队。许二科同志利用业余时间组织编排,自拍自演各种来源于工区现实生活中人和事的节目,加强宣传和教育,职工们有了很大的思想转变,彻底改变了以往下班无所事事的习惯,增进了相互之间的感情。同时,我们开始利用业余时间,开荒种菜,解决了职工吃菜问题;粉刷房屋,清除杂草,在段领导关心下改善了职工的居住条件,解决了洗澡、买日用品困难等问题。此外,段工会给工区配备了彩电和二胡、吉他等多种乐器,以及体育用品;段还给我们修了一条通往工区的道路并硬化了路面,改善了职工的出行条件;在上级领导的关心协调下,通勤车破例为我们在西武庄工区图定停1分钟,解决了外地职工上班回家难的问题,再也不用蹚水过河了。职工们的心开始凝聚在一起,工区有了一股整体向上的气势。当初我们在工区对面山坡上用白色石块摆出的"扎根深山、养路育人"8个大字至今仍闪闪发亮。在线路养护上,我们根据现场设备状态按轻重缓急全面进行整修,作业中坚持严一格紧一扣。就整治水平误差这一项,我们便提出这样的口号:"留三、考四、消灭五"。意思就是,轨道超三个水平误差的留下,四个水平的进行考虑,五个水平就必须消灭掉。对轨距变化的卡控更是严上加严,直线在1435毫米的基础上,误差不能超正负一毫米的标准。我们下功夫清筛道床,消灭翻浆冒泥,道床外观整齐划一成三条线,线路质量均衡提高,很快达到了优质,在段、分局、路局多次验收中名列第一,得到了各级领导的肯定。1994年除夕夜,铁路分局领导亲临工区看望我们,并和职工一起包饺子过年,同时给工区题了词,极大鼓舞了职工的干劲。

总之,我们是本着一种精神,凭着一股干劲,靠着严一格、紧一扣的管理和作业方法,把西武庄从一个落后的工区创建成路局建功立业先进班组、全国模范职工小家、河北省先进集体,并于1994年被石铁分局授予"勇于吃苦、敢打硬仗工区"称号。回想往事,感慨万千,我觉得当好养路工必须做好以下三点。

养路这个工作,体力劳动重、质量要求高、安全压力大,所以必须要有强烈的责任心。我们工区的口号就是:"宁可脱皮掉肉,不让设备滑坡"。有一次,我带领职工在现场人工捣固作业,中午时计划在现场吃完饭以后再干,忽然天气大变,瓢泼大雨倾注而下,有职工劝说:"班长我们到涵渠避避雨吧,这雨太大了。"我说:"不行,不能到涵渠避雨,咱们要冒雨检查。"我们随即分成东西两组冒雨检查设备,并对管辖内8公里正线进行巡视。在巡查中发现桥上有30多孔翻浆地段,空吊严重,晃车较大。我立即联系要点进行整治。职工挥动大镐、铁锹进行清筛、捣固作业,然后更换石砟。职工们的脸上、身上全是黑泥,一直到晚上9点多钟才把30多孔的翻浆全部整治到位,职工们没有一个喊苦喊累的,保证了列车平稳通过。

必须具有奉献精神。1996年的8月中旬,河北省遭遇百年不遇的洪灾,管内的下行80公里处隧道那是满洞的积水,根本看不到线路道床、钢轨。我们立即封闭线路排水,车间也抽调部分职工来增援连轴转地进行排水作业。不停地挖沟排水,不停地进行捣固,而且还有轨检车要通过,列车通过时下沉量太大,高低严重不良,空吊严重,线路软硬不一样,不能确保安全。当时,我就组织一部分人进行排水,一部分人进行捣固,另外一部分人用短木枕头进行大平起垫。就这样,我们连续奋战了三个昼夜,硬是让线路达到平衡稳定。职工们完成作业回到工区后倒头便睡了,这时候我才想起前几天自己家房顶上面的土已经被挖掉了,准备浇筑混凝土。雨下得这么大,房子怎样了?我安排了一下工作,马上回了家。当我回到家里一看,眼前的一切让我惊呆了,家里已经成了水帘洞,房子里的水有一尺深,所有东西都被淹了,妻子把两个孩子寄送在了别人家里。妻子看到我通红的双眼和疲惫的身体时,没有责怪我,反倒问我:"工区没有事吧,火车没有事吧?"当时我听后,眼泪吧嗒吧嗒往下掉,我说:"没有事,放心吧,你们受苦了。"妻子说:"只要你单位没有事,平安就好,我和孩子们没有事,家里被水淹就淹了,咱们重修。"我内心很感激,暗下决心,有你们做后盾,我们定让列车平安永久地奔驰在石太线上。

打铁还需自身硬,必须练就扎实的基本功。1993年5月的一天,我们在石太线79公里处大桥上更换轨枕。那时候都是木枕,任务是每人每天 10 根,我们 4 个人就是 40 根。有职工对我嘀咕:"彦科,这任务可大了,可能完不成。"我说:"不怕,我们一定要完成。"那时候的作业,没有天窗点,只能利用列车间隔作业。我就安排两个人开槽,两个人进行更换。在作业过程中,除了列车通过时站着缓口气外,一直这样干。当时天也不是太热,但我们的衣服就像从水里捞出来一样,后来索性就光着膀子干,干到晚上 8 点多才下班。经过验收,质量全部达标,我们组得到了表扬。

◎作业中的董彦科

平时练好基本功,安全生产心不慌。2009 年 12 月,我们正在石太线上行 78 公里处进行拨道作业,接到探伤通知,79 公里处有钢轨重伤。我们立即返回工区准备换钢轨工具,因为是无缝线路要进行要点更换,时间不能超过 1 小时。我们拉上工具到达现场以后,对现场的钢轨进行审核——什么轨型、侧磨多少,确认后将一根备用轨准备到位,按需要的长度锯割好,开始要点。等调度命令一下,我们立刻对钢轨封联,并根据当日轨温计算出线上钢轨的伸缩量,准确地用无齿锯将钢轨锯下,把重伤钢轨拨出,然后将准备好的新轨换进去,长度、高低、侧磨,几何尺寸 1 毫米不差,按规定时间开通了线路。这深刻说明,职工队伍的团队精神和操作技能很关键,只有把基本功练好,才能在出现突出情况时,准确无误地进行处理。

回顾 30 年铁路生涯,我无怨无悔。现在,我虽然退休了,但我愿意奉献余热,做好传帮带。衷心希望青年职工们,要有一颗强烈的责任心,传承好西武庄精神和老一辈铁路人的优良传统,并发扬光大,勇当先锋。

难忘的战斗岁月

◎天津电务段　周玉华口述　朱军整理

　　我叫周玉华,离休前曾担任天津铁路分局沧州电务段(现划归天津电务段)人事主任。我跟大家分享一下让我终生难忘的军旅生涯和火热的战斗生活。

　　记得那是 1945 年 5 月,我才 17 岁,住在华北平原建国县的周村。正值麦收的季节,在周村外的麦场上,这儿一堆、那儿一堆的,都是村里人从地里拉回的麦子。在麦子没打之前,每家每户晚上都有人在麦场里看夜,因为一家就那么一点麦子。看夜的一般都是家里的半大小子,他们有时候在一起摔跤,有时候去地里偷个瓜回来,玩累了就躺在麦秸垛边睡着了。

　　那些日子,附近崔尔庄据点的日本兵经常来村里扫荡。他们荷枪实弹,看谁不顺眼就打一顿,弄得村里很不安生,村里人是敢怒不敢言。我自己就见过好几次村民被打得头破血流,心里特别窝火,真想上去把鬼子揍一顿。我知道靠我一个人肯定不行,我得找到打鬼子的队伍。后来,我听说县大队和区小队就在附近活动,就想去当兵,想把日本兵赶出中国。有一天晚上,我等到大家都睡着了,悄悄地起来,蹑手蹑脚地走出麦场,在月光下顺着地垄,朝着许家洼的方向走去。大概走了半个小时,前面就是崔尔庄据点,炮楼上探照灯不时地照向四周。我当时怕被发现,离得很远就钻进了玉米地里,沿着水沟和庄稼地绕了一大圈,直到早晨6点才来到许家洼村口。刚刚进村,被一个比我高出一大截的大人拦住了。他问我是干什么的,这么早进村找谁。我知道他是怕有坏人混进村子探听情报。我就很认真地跟他说自己是周村的,想参加队伍打鬼子。那个人上下看了看我,觉得我没有说谎,然后又搜了我的身,才把我领到了区小队队长面前。队长浓眉大眼,40岁左右。他问我为什么要当兵,打仗怕不怕。我就昂起头,挺着胸脯说:"我是来当兵打鬼子的,战场上我绝对勇敢地冲上去,请接收我吧。"

区小队队长看我说得很认真,就问我怎么来的。我就把如何绕过据点、穿玉米地的情况说了一遍。队长听了,觉得我很机灵,又摸摸我的肩膀,觉得我有把子力气,就把我留下了。说起来区小队就是小的游击队,没有什么武器,一共10来个人。那几天里,听队长讲前线打仗的事,我心里就有个愿望,自己啥时候能参加战斗就好了。过了大概半个月,区小队接到任务,说要去打崔尔庄据点的炮楼。我一听,可是兴奋得不得了,心里一直想着晚上如何打仗。队长提前布置了任务,约定晚上10点以后开始伏击。那时,我刚来根本没有武器,实在没辙,就从农具里拿了一把镰刀。

那一晚,我们早早地埋伏在距离炮楼50多米远的水沟里,等到10点左右,开始慢慢地向前移动。眼看离得不远了,却被探照灯发现了,日本兵立马就问话,让我们停止前进。不知谁沉不住气,砰的一声,朝着炮楼打了一枪。这下可捅了马蜂窝。不一会儿,炮楼里冲出来20多个日本鬼子,有的架着机枪,有的端着步枪。一交手就看出了明显的差距:区小队一共几支枪,十几发子弹,根本抵挡不住。我是第一次参加战斗，一看这架势一时有点不知所措，就退到玉米地里，想躲一会。没想到敌人追了过来，我一看坏了撒丫子就跑，几个日本兵在后边穷追不舍。当时我脑子里只有一个字——跑！越过前面一道沟，是一片枣林，我左躲右闪的，子弹嗖嗖地在身边擦过，也就是仗着地形比较熟，加上日本兵全副武装跑不快，我一口气钻进了一大片玉米地，才把他们甩开。这成了我第一次战斗的经历。

几个月后，日本投降了。我们所在的部队成了正式的队伍，整编成晋察冀军区三纵队，我在三十六团二营营部当战士。因为组织觉得我比较机灵，我就当上了电话员，之后来到十二旅通信

◎穿上军装的周玉华

连担任电话员、守机员、总机班副班长、班长，开始了我的通信兵生涯。我于1945年11月入党，成为一名预备党员，3个月后转为正式党员，我感到非常光荣。我们团长周彪、政委魏群都是当年经历过长征的红军战士，跟着这些参加过大的战斗的老战士，时常听他们讲爬雪山、过草地的经历，自己备受鼓舞。解放战争中，我跟随六十三军参加了解放完县、蔚县、察哈尔、大同和石家庄的战斗。特别是在新保安一战中，在杨得志司令员的指挥下，解放军挫败了国民党的锐气，为后来平津战役的胜利奠定了基础。

北平和平解放后，我们所在的部队继续转战太原、兰州，渡黄河打甘肃天水，每天行军七八十里。作为通信兵，我负责电话线布线，接到命令，一溜小跑，两三分钟就1里路，很快完成任务，我们排被称为飞行架线排。我们在宝鸡还修了1年的铁路，为部队铺路架桥，那也是我最初接触铁路的时候，没想到多年后会转业到铁路，并在铁路离休。

抗美援朝战争爆发后，我所在的十九兵团六十三军一八七师奉命赴朝参战。当时，鸭绿江大桥被炸毁，我是踏着浮桥过去的，就像歌中唱的："雄赳赳，气昂昂，跨过鸭绿江……"当时，许多战士都是接到命令紧急而来，特别是驻扎在上海的部队，穿的都是单衣。那时候的朝鲜气温都是零下三十几度，好多同志在战斗中冻伤冻死，但是没有一个退缩的。

为了躲避敌军的狂轰滥炸，我们不敢做饭，只能一把炒面一把雪。炒面由炒熟的高粱、玉米、黑豆等碾磨制成，直接吃又干又噎。我就先把雪含化了，就着炒面咽下去。吃完一顿，舌头都冻得没有知觉了。最难熬的是，在冰天雪地执行任务。遇到敌军飞机侦查的时候，为了不暴露目标，我们只能在雪地里往前爬，手脚都冻僵了。有的战友在爬坡过坎时，鞋子掉了，顾不上穿鞋，最后脚和袜子都冻到了一起。

我们师第一次遇到的是英联邦第二十九旅。当时的师长徐信观察了地形后发现，两边都是大山，中间有条小路，当即决定采取穿插中间两分的战术。我跟着团部迅速冲入敌军内部，给敌人打了个措手不及，但是我们很快被天上盘旋的敌机发现，被锁定了位置。于是，师部命令我们赶紧撤退。天上有飞机，两边有坦克、大炮，我们就顺着山坡往下滑。当时一个团长为了掩护战士，牺牲在了那里。

在抗美援朝战争中，铁原阻击战是我们师最为关键的一战。当时，彭德怀司令员亲自部署六十三军，要求我们坚守十几天，军长傅崇碧命令一八七师、一八八师、一八九师想方设法拖住5万多敌人的进攻。然而，经过侦察地形，发现距离敌人太近，如果正面防守集中布置，很可能坚持不了多长时间。于是决定采用纵深梯次和少摆兵多屯兵、以多个战斗小组到前沿与敌人纠缠使敌人不得前进的战法，达到阻敌的目的。铁原山地东侧是一道平川，六十三军在平川不分日夜地构筑起了防坦克堑壕。敌军每天白天在飞机、坦克、大炮掩护下攻占我们阵地，有不少阵地在白天失守后，六十三军战士们就在夜间出击夺回。与敌军一个山头一个山头反复争夺，一寸土地一寸土地反复争占。就是这样，10天下来，架不住敌人猛烈的火力攻击，部队伤亡惨重。最后徐信师长通过望远镜发现敌人白天战斗，晚上都集中在一块空地上，支上帐篷休息，没有什么戒备。于是拿定主意，在第二天晚上集中所有的炮火弹药，全部射向那个位置。突如其来的炸响，让敌军不知所措，摸不清具体情况快速撤退，给我们大部队集结争取了时间，胜利完成阻击任务。后来，在回来的路上，我遇到了原来的王营长，看到背后只跟着几个人，有的班甚至只剩下一名战士和一面红旗。但是，大家依然保持了军人的斗志，心中那股劲头始终坚持着。

朝鲜停战协定签署后，我和战友们是坐闷罐车回国的。在漆黑的闷罐车里，谁也不说话，不知走了多长时间，直到听到有人敲车厢，告诉我们回到祖国了，打开车门的一刹那，大伙欢呼雀跃，终于回到家了。

◎离休以后的周玉华

8年的战争磨炼，经历了生与死的考验、血与火的洗礼。后来，我成为华北军区六十三军一八七师炮兵五六七团通信参谋，并到专业炮兵学校学习无线电原理、总机等通信知识。虽然文化不高，因为当时战场上有过通信的经验，加上对这项工作的浓厚兴趣，1978年，我转业到沧州铁路电务段，并一直干到离休。

如今，我们生活在了和平的年代，能够吃饱穿暖，但是我们不能忘却曾经的苦难。要牢记：落后就要挨打！希望我们年轻一代牢记历史，珍惜当下来之不易的幸福生活，好好学习、努力工作，为实现中华民族伟大复兴的中国梦而共同奋斗！

退而不休的老共产党员颜廷才

◎邯郸机务段　马雁斌

一名普通得不能再普通的老共产党员,在我的心目中,他的形象却是那样的高大。

他在职时尽职尽责,退休后发挥余热,是一粒在哪里都发光的金子,是一名在作新贡献的老共产党员,是一个人老心不老、充满青春活力的时代先锋。他就是原磁山机务段设备车间管道组工长颜廷才。

40 年奉献无怨无悔

颜廷才于 1976 年参加铁路工作,成为一名管道维修工,20 世纪 80 年代光荣加入中国共产党。尽管管道工这活儿又脏又苦又累,可是他一干就是 40 年,无怨无悔。

说起颜廷才,认识他的人没有不竖大拇指的。他虽然只是一名普通工人,但在段里那可是赫赫有名。他所在的设备车间管道组,负责全段水管路和暖气管路的维修工作,他是这个组的工长。三百六十行,行行出状元。他干一行爱一行,就凭那股韧劲儿和一丝不苟的工匠精神愣是把普普通通的管道维修干到了极致。只要是管道维修方面的,多难干的活儿对于他来说都不在话下,别人干不了的活儿,到他手里简直就是小菜一碟。工作中遇到艰苦危险的活儿时,他总是带头冲在前面。记得有一年冬天供暖开始后,暖气循环系统的压力总是保不住,说明管路上有泄漏点。为了排除隐患,找到泄漏点,颜廷才挺身而出,在满是污泥的地沟里仔细摸排,终于在一个很隐蔽的地方发现了泄漏点。他立即和工友们一起把管道修好,排除了隐患,保证了生产车间的正常供暖。

那时候,经常出现排水管道堵塞的情况。下水道和污水井一旦堵塞,里面的污泥浊水甚至还有粪便就会往上翻,严重影响生产生活。每当发生这种情况时,颜廷才都是带头顶着恶臭气味下到污水井里,想尽一切办法去疏通,真正起到了一名共产党员的先锋模范作用。

在技术业务方面,他也毫不含糊。他是一个名副其实的技术"大拿",是我段最早晋升的高级工人技师之一。他爱琢磨,经常搞一些小改小革,完成了多项技术革新和新设备的制作,为段上的安全生产作出了突出贡献。例如,在蒸汽机车年代,他自主研发制造了机车锅炉酸洗设备、蒸汽机车完成大修后需要进行的机能试验设备。他为挂瓦室、电焊室、制动砂干燥室等处所制作了消烟除尘设备,配套安装了部分内燃机车的工装机械设备等。另外,他还完成了 10 立方空压机大修、蒸汽管路大修等应该外包而自办的项目,为单位节省开支数十万元。

作为工长和高级技师,颜廷才总是把自己掌握的知识技能和经验毫无保留地传授给徒弟们,并且根据每个人的特点和兴趣爱好而有所侧重。比如,青工吴海臣喜欢电气焊,他就在工作现场手把手指导,这样学得快、效率高,吴海臣很快就能独自操作了。青工小庞(新海)、小李(留忠)对机械感兴趣,他就把包修的空压机、蒸汽锅炉等机械设备的构造、工作原理、容易发生的故障,以及维修经验细心地教给他们,使他们很快独当一面。多年来,他带过的徒弟都成了生产骨干和高级工,还有的成为技师。

他曾多次荣获北京铁路局优秀共产党员荣誉称号,并荣获石家庄铁路分局十佳优秀共产党员荣誉称号。

颜廷才文字基础扎实,闲暇时,他经常向报社投稿,是段里的骨干通讯员。1987年冬天的一个夜晚,大雪下了一宿,早晨起来,地上的积雪足有一尺多厚。当职工们到单位上班时,值班干部职工早已把段内道路上的积雪进行了清除。当时,颜廷才写了一篇文章《雪中一条路》,赞扬了值夜班的干部职工。这篇文章登在了《北京铁道报》上,在段内引起了轰动。

老共产党员又作新贡献

退休之后的他,仍然笔耕不辍。在《邯郸晚报》上经常能看到他写的文章,有通讯、散文、诗词等。《邯郸晚报》的"倾诉"版常常讨论一些老年话题,每期话题颜廷才都会积极参与,为遇到难题的咨询者提出一些可供借鉴的意见和建议。

他积极传播地方文化,组织了一个骑行队,在邯郸周边活动。他们走过的地方有历史文化古迹,如响堂石窟、娲皇宫等;有风景名胜,如七步沟、京娘湖等旅游风景区;还有文化古城古村落,如永年古城、伯延古镇、王边古村落等。邯郸周边几乎被他们走遍了,每到一处游览之后他总要将所见所闻形成文字,或者诗歌,或者散文、游记,或者拍摄一些照片,在网络上或其他新闻媒体上进行宣传,既传播了地方文化,又弘扬了正能量。

作为段里的"五老"骨干,他积极参加段关工委组织的各项活动。在路局关工委组织开展的"五老讲故事"活动中,他根据身边蒸汽机车司机的经历,写了《一把闸对水鹤》和《油包》两篇故事,被段关工委推荐到北京局集团公司关工委。

颜廷才同志还有一副乐于助人的热心肠。街坊邻居都知道他干过管道维修，而且技术精湛，不管谁家里管道出了问题，都找他帮忙，他从来都是有求必应。有一次，家属院五号楼六单元一楼的陈万军家暖气有一组不热，影响了室内温度。颜廷才听说后，带着工具就去了。经过分析检查，是堵塞造成了不循环。于是，他拿起工具熟练地干了起来，不一会儿就修好了，开

◎退而不休的老共产党员颜廷才

通一试，效果很好。陈师傅非常高兴，连声谢谢！他没有把帮助别人当作负担，而是当作一种乐趣，他的这种助人为乐的精神受到了街坊邻居们的交口称赞。

群聚老友撒播快乐

退休后，他没有忘记作为一名共产党员的初心，总是想着怎么为大家做一点有益的事情。他深知工友们在职时工作又苦又累，退休后生活单调，于是萌发了丰富工友业余文化生活的想法。他组建了一个"磁山机务段退休哥们群"，把退休干部职工联络在一起，兄弟姐妹畅所欲言。在他的倡导下，把每周三定为群里的文化活动日。周三这一天，群里所有人都可以在群里展示自己的才艺，如唱歌、跳舞、乐器吹奏弹奏等。

颜廷才擅长跳鬼步舞和唱歌，朗诵也很拿手，每次活动他都是带

头表演。有一次,他用外语唱了《奴里》《新娘嫁人了,新郎不是我》等歌曲,优美动听,让大家一饱耳福。群主这一开场,大家的积极性都被调动了起来。群友们纷纷献上了民族舞蹈、口琴独奏、豫剧《朝阳沟》等。一群老头、老太太就像小孩似的,真是玩嗨了。每到周三,群里热闹非凡,大家别提有多开心了。大家都很感谢颜廷才把这个群搞得这么活跃,给大家带来了无穷无尽的欢乐。大家虽然不能常见面,但通过网络聚在一起联欢也是同样的开心。

最近,颜廷才又报考了邯郸市老年大学,报了一个英语班和一个中医班。他之所以选择学习这两个专业,意在开阔视野、提升素质能力,做更好的自己,更好地为人民服务。

每当有人问颜廷才:"退休了,该好好修养,生活轻松点,还忙忙碌碌做那么多事情,图啥?"他都果断地回答:"因为我是一名共产党员,为党和人民作点应有的贡献是我分内的事儿,是我应尽的职责和义务。"是的,他从来没有忘记自己是一名共产党员,始终没有忘记自己的初心,为党和人民作贡献的脚步一刻也没停留,为人民服务永远在路上……

接触网上写人生

◎北京供电段　　王子妍

今天,我们介绍的主人公拥有很多头衔,"铁路线上的蜘蛛侠""高铁动力的守护人""高空养路人"等,他是谁呢? 他就是接触网技能大师赵大坪。赵大坪现任北京供电段北京供电维修车间副主任,同时担任"赵大坪技能大师工作室"负责人、集团公司接触网首席技师。有人经常问他是怎样成为技能大师的,又是什么动力支持他走到现在的。他是这样讲的:"我的成长离不开党的教育和培养,离不开身边党员同志的影响和帮助。干好工作不仅要有为人民服务的思想,还得有为人民服务的本领。要成为一名共产党员,不仅要在思想上要求进步、跟党走,还得懂技术、有能力才行"。带着这样对党的理解和认识,他踏上了自己的职业旅途。

初入工区时的赵大坪,看到师傅们制作吊弦又快又漂亮,直径4毫米的铁线在他们手里像面条一样,只需两三分钟一串吊弦便做成了;看着师傅们在6米高的接触网上闪展腾挪、身轻如燕,很是羡慕。从此,他便立志要练就一身好本领。刚开始,铁线在他手里就是不听话,不是环不圆就是缠绕不密贴,最怪的就是无论掐多深,铁线就是不断,刚做两个,他的手就起泡了。但他跟别人不一样,越是复杂越有意思的东西看着越是来精神,打小儿就爱捣鼓小玩意儿:用铁线做弹弓、用木头刻手枪等。没多久,自己的这点长处就显露出来了,也不怕手疼了,手劲也大了,做吊弦、做承力索回头就是小菜一碟了。爱动脑子又勤快,自然招人喜欢,所以赵大坪上网作业的机会就多了。干接触网这行必须眼明手快、腿脚麻利,在工区里得是尖子上网作业才放心。当时,赵大坪是最早上网干活的新工之一。

平时他总是缠着师傅学绝活,反复琢磨其中的奥妙和联系。日积月累,积少成多,慢慢地,赵大坪对接触网的相关知识懂得越来越多,导线、支柱、腕臂……这些设备组合在一起,不但外形很漂亮,而且因为电流形成的内在联系也非常有意思。从那时起,他发现自己产生了浓厚的兴趣。

1994 年,赵大坪同志得到丰台供电段推荐,参加集团公司接触网工职业技能竞赛。为了取得优异的成绩,他清楚地认识到,要想练就一身好技术,必须先打好基本功。为此,在一些基本操作上,他严格要求自己反复训练,既练基本功,又磨自己的性子。一有时间就不停地练,时间一长,手腕肿了,手上起泡了,手套也不知磨坏了多少双,但他就是咬着牙坚持了下来。经过一段时间的练习,技术水平终于有了质的提升。"纸上得来终觉浅,绝知此事要躬行"。很多人都说,理论联系实际才能更上一层楼,确实如此!虽然跟师傅们学到了许多理论知识,但有一些更深的问题依然困扰着他,一问为什么,却又往往找不到答案,让他百思不得其解。于是,他借来了接触网方面的教材。但是,只有职高学历的他,很多内容根本无法读懂。于是,他一遍不懂看两遍,两遍不懂看三遍,实在不明白,就向技术人员请教,直到弄明白为止。后来,他还自学了与接触网相关的《工程力学》《电工学》《机械制图》等专业书籍。随着理论知识的丰富,那些"为什么",一个一个得到了解答。他对接触网有了更深的认识,理论知识水平不断提高。在集团公司接触网工职业技能竞赛中,赵大坪取得了第二名的较好成绩。但他对这个成绩不太满意,认为自己还有实力,铆足了劲一定要拿第一。1996年,赵大坪再次参加集团公司接触网工职业技能竞赛,经过千锤百炼,终于如愿以偿获得接触网工个人全能第一名,开始在全段小有名气。

2005年,接触网工种第一次有了国家级技能大赛。上级领导非常重视,要求赵大坪同志再次参赛,为首都局争光。在北京局接触网工代表队选拔赛(路局技术比武)上,他不负众望再次获得个人全能第一名。同年5月,首届全国铁道行业职业技能竞赛接触网工决赛在昆明隆重开幕,全路18个铁路局同台竞技,北京铁路局代表队荣获接触网工决赛团体第一名,赵大坪同志也获得个人全能第一名的优异成绩。近年来,他先后被授予全路技术能手、全国技术能手、火车头奖章、中华技能大奖、全国五一劳动奖章、全国铁路劳动模范,以及享受政府特殊津贴等荣誉和奖励。

2008年,我国第一条高速铁路京津城际开通运营,标志着我国进入高铁时代。记得赵大坪同志刚接触京津城际高铁的时候,一下子看到那么先进的设备和那么多的新知识,他是既兴奋又陌生。面对几千张图纸、几大捆资料,真是有一种无从下手的感觉,而且图纸多半是英文,图纸间相互分割看似没有联系,但这并不能阻止他好奇的心。他沉下心来仔细琢磨每一张图,分析德国人的设计思路和理念,研究设备原理和安装工艺方法。不经意间,这些图纸已经被翻过了几遍。赵大坪第一次上高铁检查验收设备,讨论设备结构、标准、原理和解决办法,就得到了现场人员的广泛认可和好评。

2010年底,赵大坪同志参加了我国第一条自行设计施工的京沪高铁接触网施工提前介入和开通运营维护工作。亲手建设和触摸高铁是他梦寐以求的。京沪高铁从设计到施工全部采用我们国家自己的新技术、新设备和新工艺，这些都是大家从来都没有见过的，比如六跨两断口关节式电分相，双支无交叉线岔，开关、电缆设备等一切都是全新的。为尽早吃准摸透京沪高铁技术，赵大坪注意收集各类图纸、技术资料、安装手册，连续几个月住在单位、吃在现场，工作是繁忙的，条件是艰苦的，压力也是前所未有的，高铁无小事啊！要确保高铁设备安全稳定运行，就要有火眼金睛，有一双能发现潜在隐患的慧眼。赵大坪发现了六跨电分相电连接设计不合理和保护线"之"字形布置等多项设计和施工重大问题，现场与设计和施工单位讨论分析，最终更改设计，消除了设备潜在隐患。联调联试期间，他登乘检测列车，收集整理动态检测数据，分析图形和测量参数，分析超标点位置和形成原因，现场指导精调作业。辛苦没有白费，汗水没有白流，自京沪高铁开通运营以来，北京供电段牵引供电设备保持了安全稳定运行。

传统的接触网腕臂安装大都采用垂直吊装法，用人多、耗时长、作业难度大、安全系数低。赵大坪在发现此问题后，就暗下决心改进它。在琢磨了较长时间后，他想出了"水平吊装"的办法，简单地说，就是支柱上和车梯上的人员同时操作。这个办法不但消除了垂直吊装的弊端，还使作业人员由 4 人减到 2 人，作业时间由 25 分钟缩短到 12 分钟。这个办法很快得到推广，并在大范围更换腕臂的施工中，取得了良好的效果。

接触网断线是接触网专业的主要"敌人"。在断线事故中，以最快的速度恢复供电，是接触网工的主要职责之一。在断线接续作业时，由于接头部分不平直，导线弯曲、不入槽，不仅延长了故障排除时间，还可能影响到接头质量。赵大坪对这个问题研究了很长时间，那段时间，头发可没少掉。一天，他偶然看到一个正面器，来了灵感，立刻把它当成了宝贝。没过几天，一个简单的断线接续器制作完工。在现场试验的时候,他很兴奋,也很紧张。可是,试验效果并不理想。但他并不甘心,对这个工具,他拆了装、装了拆,反复进行改造。特别是,针对接头部分容易滑落的问题,他在装置上增加了一块小铁板,效果非常好,断线接续器终于制作成功了。就是这个新工具,使接触网断线接续时间由原来的 50 分钟一下子缩短到 15 分钟。

2012 年 2 月 9 日,"赵大坪技能大师工作室"正式挂牌成立,这是人力资源和社会保障部授予的全国 50 家技能大师工作室之一,也是我们铁路系统的第一家。工作室的定位是高铁和新建线建设,并围绕人才培养、职工培训、课题攻关、创新研发开展工作。当年 5 月,工作室重心由京沪高铁转到京广高铁,工作室成员增加到 10 人,其中 7 人为新入路大学生。有了前期京沪高铁提前介入的经验,工作起来就变得如鱼得水了。工作室紧抓施工阶段的关键环节,紧盯施工质量。全体成员在京广高铁大桥上冒着 45 摄氏度高温,背着水壶,每天 12 个小时奋战在施工现场,对管内 223 条公里设备全面进行了三次平推检查,仅盯控螺栓紧固一项就达 33 万余条,检查发现问题 2781 条,解决了电缆头虚接、变电所 N 线漏接、电缆头母排绝缘距离不足等多项设计和施工关键潜在隐患问题。京广高铁开通运营后,按照"研判风险出实招,紧盯关键抓落实"的工作思路,紧紧盯住关键设备,研究设备的运行状态、变化规律,提前分析研判设备可能发生的潜在风险和隐患,开展技术攻关,解决现场难题,先后完成实施了《涿州东站 AF 线与 PW 线空间交叉改造》《京广高铁 PW 线夹支持螺栓改装技术》等 5 项攻关课题。

工作室成立以来,赵大坪带领工作室成员先后参加了北京地下直通线、唐呼重载铁路、京沈高铁、京张和张呼高铁、京雄高铁等重点新建线施工任务。完成课题攻关、技术革新改造项目 27 项;编写工艺流程、作业指导书 45 篇;撰写专业论文 3 篇,其中 2 篇在重要刊物上发表。创新研发接触网作业工机具 3 项,获得路局科技成果二等奖 1 项,并取得实用新型专利 3 项。组织各类专项培训3110余人次,培养了一批技术型、技能型人才。经过几年的历练,工作室成员已经成长为北京供电段接触网技术管理工作的中坚力量和主力军。2016 年 6 月,北京铁路局党委授予工作室"党内优质品牌"称号。2018 年 6 月,中国铁路总公司党组授予工作室"中国铁路总公司党内优质品牌"荣誉称号。

1999 年,赵大坪被丰台供电段聘为接触网工专职教师,走上讲台为职工讲课培训。他针对不同年龄、不同文化水平的学员,采用不同的教学方法,将自己多年积累的经验和"绝招绝活"毫无保留地传授给大家。技能大师工作室成立后,他还经常担任技术比武特约教练员,帮助参加集团公司技术比武的优秀选手提升实作技能。2016 年,经他培训的 6 名选手中,5 名选手获得集团公司技术比武名次,并包揽了前三名。

2018 年,"赵大坪技能大师工作室"正式挂牌段青年人才培训基地,为企业培养了一大批高技能人才。他充分利用工作室资源,以业余学习为主、分别指导的学习形式对自己的徒弟进行辅导培养,不遗余力地帮助他们在技术上不断提高,并带领他们一起开展创新活动。赵大坪经常告诉他的徒弟们一个理念:"任何高科技、新技术,只要钻进去,我们也能做得到"。就是凭着这股不认输的劲儿,多年来,不管工作岗位如何变化,当一线工人,做职教老师,或者做技能大师工作室的"掌门人",他始终没有放弃这种兼顾实践和理论的思考、工作模式。截至目前,工作室共向单位输出优秀青年人才 30 余名,其中工程师 12 名、技术管理岗位人员 15 名、综合管理岗位人员 3 名。

同时,赵大坪还有另一层身份,那就是北京供电段关工委"五老"之一,积极承担着传帮带的责任。每次段上召开青年座谈会或者组织宣讲,他都作为特邀嘉宾,亲自向广大青年讲述自己的成才之路,深深影响了广大青年。

2021 年,全段开展党史学习教育,准备组建一个专题宣讲团进行巡回宣讲。从一开始,赵大坪就被列为宣讲团成员之一,但由于段上安全生产任务繁重,要让赵大坪脱岗一周去参加宣讲可能存在一定困难。当工作人员抱着试试的心态接通赵大坪电话后,结果出乎意料。赵大坪是这么说的:"工作再忙,我加班加点也会安排好,参加宣讲可以把我的一些做法传递给大家伙儿,更能帮助青年们树立信心和成才的决心,我一定得参加。"于是,赵大

◎赵大坪精心调试设备

坪欣然接受了宣讲任务,跟着宣讲团成员分别在张家口、承德、北京开展了宣讲,受到了广大职工,尤其是青年职工的欢迎。部分青年职工表示,以前都是听说赵大坪,这次终于见到真人了。

回顾赵大坪同志的成长经历,他曾经说道:"我们是幸运的一代,我们经历和见证了在中国共产党的领导下走中国特色社会主义道路,坚持改革开放 40 多年取得的辉煌成就;见证了从绿皮车、红皮车,到和谐号、复兴号动车组 350 公里时速引领世界高铁运营速度;幸运地成为京津城际、京沪、京广、京沈、京张、京雄高速铁路的建设者和管理者。"赵大坪同志是铁路时代的楷模、学习的榜样。在他的影响和带动下,一大批青年骨干立足岗位、展示作为,沉下心来踏踏实实做好本职工作,在交通强国和建设首善之局的征程中,贡献自己的青春和才华。

钢轨焊接妙手白继学

◎邯郸工务段 郑 越

列车南来北往,唯钢轨岿然不动。

如果把钢轨看作万里铁道的强劲骨骼,那么钢轨焊接工就是精于钢轨铝热焊接的妙手"接骨师",他们把一根根短钢轨焊接成无缝线路,极大提高了旅客乘坐火车的舒适度。然而,给钢轨"接骨"的本事可不是一天就能练成的,靠的是技术的传承和日积月累的练习。原邯郸工务段磁山重点维修车间磁山焊轨工区工长、高级技师白继学便精于此道。

用心钻研 创造"继学钢轨焊接五步法"

2008年,邯郸工务段全面引进了法式钢轨铝热焊工艺。铝热焊是一门工艺要求很高的技术,火候、时间都要掌握得恰到好处,稍有不慎就会造成焊接失败。尤其是,容易发生漏箱问题。所谓漏箱,就是由于操作失误,造成温度高达3000摄氏度的钢水从砂箱中"跑"出来。一旦发生漏箱,轻的会在钢轨上形成坑洼,重的就会把一指多宽的焊缝熔成巴掌宽的豁口。这时,就必须锯掉受损的钢轨从头再来,既浪费材料工具，又增加工作量，更严重的会延误线路开通。如果每年发生几次漏箱，就会造成巨大的浪费。

白继学于1978年到铁路工作，1983年任钢轨焊接工，从事钢轨焊接工作已有37个年头。从任职的那一天起，他就告诉自己："干一行就得精一行，要努力把活干完，用心把活干好。既然干了焊轨，就得做最好的钢轨'接骨师'。"为解决漏箱难题，白继学组织开展技术攻关，结合多年的工作经验，带领工区职工边学习、边实践、边摸索，最终形成了一套适合铝热焊的封箱作业方法，称之"一勾、二抹、三压、四封、五查，五步法"。通过现场不断应用、实践和完善这一作业方法，生产中发生漏箱的次数越来越少。2009年以来，实现了漏箱为零、焊接合格率100%的目标。随后，白继学创造的这一作业方法得到了推广应用，并被国铁集团党组命名为"继学钢轨焊接五步法"。

◎作业中的白继学

多年来,白继学一直以成长为一名合格的、优秀的钢轨焊接工为自己的追求和带徒的目标。他常讲:"会焊轨只是技术,焊好轨才是艺术"。只要把平凡的事情做到极致,在平凡的岗位也能擦出耀眼的"火花"。

坚守初心　站好最后一班岗

"这是我收的最后一个徒弟,马上就退休了,这段时间做得最多的就是把这点技术和经验传下去。"白继学拍了拍站在身边的张奇的肩膀说,"一定要注意作业要领,再仔细检查一下,看看封箱还有没有遗漏的地方。"这是 2020 年暑运时段,融媒体现场采访白工长时的场景。说话间,他用高温火柴点燃在砂箱上盛满焊药的坩埚,顿时浓烟四起,近 3000 摄氏度的钢水从坩埚里流到预热的砂模内,热浪随之扑面而来,让人无法靠近。

"这是我在岗的最后一场暑运,必须站好最后这班岗!"

炎炎夏日,白继学不仅要身着厚厚的安全防护服,还要忍受着上千度焊火的炙烤。可为了保证作业质量,即使钢轨热得烫手、焊火烤得脱皮,也要寸步不离,衣服、帽子刚被汗水浸湿,随即又被焊火烤干,湿了干、干了再湿,一天也记不得反复多少次。

"其实这句话常常在故事、宣讲、经验介绍中听到,也钦佩

◎白继学点燃坩埚

老师傅们的坚守精神,但真当这句话从自己师傅口中说出时,我更感到的是肩头的责任和那份沉甸甸的信任。"就这样,青年工长张奇握紧了劳模手中递来的接力棒。

担当作为　扛起传帮带重任

一花独放不是春,百花齐放春满园。

临近退休的这几年,白继学主动扛起传帮带的责任,把培养更多的技术骨干作为应尽的义务。在工余时间,他都要组织工区职工集中学习钢轨焊接业务,通过布置实践课题,帮助职工学技术、补短板、提素质。在练兵场上,他经常给职工讲解钢轨焊接的操作程序和技术要领,手把手传授操作细节,达到了听得懂、记得牢、干得好的效果。

白继学不断创新方法,耐心向年轻职工传授业务技能。职工小张不爱学业务,他就从小张的爱好(骑行)着手,从网上了解了大量骑行知识,这样就有了共同语言。小张向白继学分享骑行心得体会,他向小张传授业务技能。渐渐地,小张也打心眼里爱上了业务学习。在白继学的带领下,工区职工业务技术成长很快,大多成为车间的技术骨干,在各项施工中游刃有余。白继学的钢轨焊接技术也从所在的工区普及到整个车间,从所在的车间又推广到全段和兄弟单位,成就了更多的岗位明星。

白继学给自己定了个目标,那就是每年带两到三名徒弟,把自己多年来总结摸索出的钢轨焊接技术和经验,毫无保留地传授给他们。一遍不行,就再来一遍,直到对方完全掌握技术要领。几年来,白继学所带的徒弟中,有 4 人相继走上了工班长岗位,1 个徒弟还曾获得集团公司钢轨焊接工技术比武第一名。很多人问白继学:"把自己的技术白白教给别人,你是不是傻呀。"白继学的回答是:"一个人的力量很有限,只有让更多的人掌握了钢轨焊接技术,铁路运输安全才能更加有保障。"

奉献无止境　生涯终无悔

白继学始终牢记初心使命,把讲奉献作为职业生涯中一直坚守的信念。离开工作岗位的白工长接到段关心下一代工作委员会的邀请时,几乎没有丝毫犹豫就答应了下来。"舍小家、为大家,保安全、提效益,这是钢轨焊接工的职业要求,更是我们应当传下去的'宝'啊。"

其实这么多年,白继学对家人亏欠很多。前几年,面对邯长线技改、邯郸站站改、设备大修改造等考验,白继学常年奔波在管内的千里铁道线上,不分白天黑夜,无论春夏秋冬,非常艰苦,也非常辛苦。现在闲下来了,回想起那时的工作,他仍心有感慨:"那时候我也觉得特别累,但想到每多焊接一个钢轨接头,设备安全就会多一份保障,旅客乘车就会多舒服几分,就觉得自己的付出很值得。"说话时能感受到白继学发自内心的那份自豪。

焊花光华四溅,是白继学37年精益求精在铁道线上演绎出的最美舞姿;钢轨沉默不语,是白继学用百分之百合格的焊联接头,在大地上写下的无声誓言。在37年的铁路工作生涯中,白继学先后获得全国铁路劳模、最美京铁人、京铁工匠等荣誉称号。身为钢轨焊接妙手,同时是"五老"人员的他,在全心全意教授技艺的同时,更将劳模精神薪火相传。

一名铁路老共产党员的情怀

◎秦皇岛工务段　马　勇

在秦皇岛工务段和秦皇岛市桥东南里社区,提起于国栋这个名字,认识他的人都肃然起敬。于国栋同志离休前,曾担任秦皇岛工务段桥梁领工区的领工员,从参加铁路工作之日起,就把自己火热的青春和满腔的热血全部奉献给了新中国的铁路建设事业。

1931 年,于国栋同志出生在山东坊子(今山东省潍坊市坊子区)。1948 年春天,山东省大部分地区遭受干旱、瘟疫,坊子也未能幸免。于国栋家里大大小小 19 口人,祖父、大哥、大弟 3 人被瘟疫夺去性命,剩下的人饥寒交迫,艰难度日。

在走投无路的情况下,家人托人把 17 岁的于国栋送到当时还在国民党管制下的坊子工务段,在铁路监工区养路道班当了一名桥梁工。新中国成立后,于国栋成为一名铁路工人。

一

为了尽快修复受损设备,于国栋主动请缨远赴千里外参加会战。

1949 年底,坊子工务段召开动员大会,号召有志青年去修复京山线。听说这是党的号召,是新中国建设的需要,他和几十名热血青年不远千里赶火车、坐马车,日夜兼程到达了秦皇岛工务段。

当时,秦皇岛工务段刚刚成立,面对战争给线路设备造成的千疮百孔,他落泪了……于国栋和几百名铁路职工一起夜以继日、争分夺秒,大打设备翻身仗。为了尽快恢复线路的安全平稳状态,很多铁路职工把家属、子女带来一起参加大会战,于国栋也把新婚一个月的妻子叫来一起劳动。那时候,没有人讲报酬,大家只有一个信念:听党号召,尽快修复受损的铁路。白天,红旗飘飘,劳动号子此起彼伏;夜晚,篝火闪闪,马灯下锤声阵阵。多少动人的场面都定格在了那个火红的年代。在大家的努力下,不到两个月,京山线迅速改变了线桥设备面貌。秦皇岛工务段的做法受到了平津铁路管理局和军委铁道部的嘉奖。此后,京山线各站还派人专门到秦皇岛工务段学习经验和做法。

1956 年 11 月,对于 25 岁的于国栋来说,终生难忘。因为他从一名普通的铁路工人成为一名共产党员;从一名在死亡线上挣扎的毛头小子成为铁路工人;从一名桥梁工成为班长、工长。于国栋深深感到,是毛主席、共产党把自己从旧社会的苦海里拯救出来,不仅给了自己幸福生活,还给了自己政治生命。从此,他立誓要终身跟党走,绝没有二意。

二

在唐山大地震中,于国栋同志组织了第一支党员突击队奔赴灾区。

1976 年 7 月 28 日凌晨 3 时许,时任北戴河桥梁领工区领工员的于国栋被大地剧烈的颤抖震醒,急忙跑到院子里。天忽明忽暗,地上的石块就像过筛子一样叽里咕噜乱滚。

这是要闹啥? 天翻地覆了? 于国栋赶忙连蹦带喊招呼还在屋里

的工友们,有几个跌跌撞撞地先后跑了出来,然而职工小唐、小于住的屋子里却没有任何动静。等大家再想去屋子里喊他们时,又一阵剧烈的颤抖,土坯房随着大股浓烟夷为平地,梁坨横七竖八滚落一地……

等天色大亮,于国栋带领工友们终于把小唐、小于扒了出来,尽管他的 10 个手指甲几乎都抠掉了,但也没挽回他们两个年轻的生命。抱着他俩冰冷的身体,于国栋号啕大哭……

上午 10 时许,于国栋才真正获知原来是发生了大地震,震中在唐山,据说不少地方已经夷为平地。中午时分,起先是断断续续的小股部队向西急行军,之后就是无边的大部队向唐山方向集结。与此同时,于国栋也接到赶往唐山抢修线路的命令,顾不得吃上一口饭,放下故去的工友,迅速集结了 13 名党员,组成了秦皇岛铁路地区第一支党员抗震救灾突击队,火速赶往唐山。

一路上,走走停停,京山线线路、桥梁哪里受损,抢修队伍就在哪里驻留。第二天午夜,抢险小分队终于到达唐山,望着已经夷为平地的唐山工务段机关大楼,抢险队员们失声痛哭……

于国栋说:"那时候没有专业工具,只有手中的铁锹。俺们只能追着苍蝇飞的方向去找寻遇难工友的尸体。找到了不敢用铁锹挖,怕伤了他们,只能用手扒。俺和抢险队员们的双手全是血泡,伤痕累累……"

震后的两个半月,于国栋和抢险队员们没有回过一次家,一直冲在抢修铁路线路的第一线。抢险队队员中,有的队员家属震亡了、孩子砸伤了,大家将悲痛深埋在心里,心无旁骛地把信念放在尽快通车的共同目标上。

三

离休后,于国栋同志在大灾面前尽显老共产党员风采。

2008年5月12日,于国栋从电视上看到汶川大地震的消息。晚上辗转反侧一夜没睡,唐山大地震的场景一幕幕又浮现在眼前。唐山大地震,全国各族兄弟姐妹向唐山人民伸出了援助之手,让唐山人民从废墟上站了起来。大恩永不忘,如今汶川的兄弟姐妹遭此大难,作为一名老党员、一个唐山大地震的亲历者,于国栋说:"俺应该尽自己一点绵薄之力吧。"

第二天一大早,于国栋拖着病腿,怀揣着装有512元人民币的信封赶往秦皇岛工务段,将这笔捐款交到工作人员手中。同时,他要求工作人员不要记下他的名字,就当作一名老党员上交的一笔特殊党费。

回家途中,于国栋顺道又到商场花了1500元买了几套崭新的被褥交到桥东南里社区,工作人员看到于国栋拖着病腿四处奔波,纷纷落泪。

2020年,疫情席卷全国,因腰椎伤痛而卧床养病的于国栋再也躺不住了。他对子女们说:"1948年,俺家乡那场瘟疫夺走了多少人的性命啊,而如今疫情来势汹汹,作为一名拥有64年党龄的老党员,俺不能坐视不管。可是俺都90岁的人了,还能干点啥啊?俺要向党组织交特殊党费。"

第二天,于国栋委托儿子将1000元特殊党费交给秦皇岛工务段党委。同时,他还再三叮嘱家里的党员子女也要向党组织交特殊党费。

于国栋老人的经济条件并不宽裕,离休后一直照顾多病的老伴,老两口日常生活简单、简朴。但对于公益事业,于国栋老人很舍得花钱。于国栋老人的几个子女也都是工薪阶层,但对父亲的善举他们非常支持。

"从1948年春参加铁路工作,到1991年11月离休,俺在铁路工作了 41 个春秋。时至如今,赋闲在家也已经 29 个年头了,对于铁路的情缘俺一天也没忘。而且随着年龄的增长,俺对于铁路的关注也愈来愈强烈。前几年身体好的时候,每年受段关工委之邀给新参加铁路的晚辈们讲讲俺们那一代人的经历。90 岁了,走不动了,俺就把心放在默默关注铁路发展上吧。俺出生在贫苦的农民家庭,长在红旗之下,俺亲历了在中国共产党的领导下新中国的成立到改革开放中国的繁荣富强,亲历了铁路日新月异的变化,亲历了秦皇岛工务段的建设、繁荣和发展。俺深沐党恩,会永远跟随中国共产党坚定地走下去!"

◎于国栋离休后接受采访截图

一段长达13年的入党经历

◎天津供电段　王金荣

习近平总书记在党的十九大报告中提出,青年兴则国家兴,青年强则国家强。青年一代有理想、有本领、有担当,国家就有前途,民族就有希望。习近平总书记曾要求,全国广大青年要坚定不移跟着中国共产党走,勇做走在时代前列的奋进者、开拓者、奉献者,让青春在为祖国、为人民、为民族的奉献中焕发出绚丽光彩!

今天我讲的是关于我段张兰俊的故事。

张兰俊于2008年因癌症去世了,年仅45岁,是天津供电段塘沽供电车间一名电力工长。听闻他去世的消息以后,朝夕相处的工友来了,退休老职工来了,有的职工家属来了,党政工领导也来了,都来为他送行。他仅仅是一名电力工长,为什么有这么多人为他送行?下面我来具体讲讲。

张兰俊于1963年出生,1981年12月入路,成为一名电力工。入路仅仅两个月,因犯了错误,被法院判处有期徒刑5年。走了一段弯路后,1988年3月,张兰俊重新入路。重新入路的他深刻认识到自己年轻时候的错误,立志扎扎实实做好本职工作,当好一名称职的电力工。在实际工作中,他虚心向老师傅们学习,努力钻研技术,很快成为能独当一面的电力工。1991年就被评为段级先进职工,1992年又被评为分局先进职工。同志们的鼓励,组织上的信任,再加上组织上因势利导的思想政治工作,使得他对自己提出了更高的要求。1993年7月,他首次向党组织提出了入党申请。对于他提出的入党申请,有的人提出了质疑,但组织的态度是非常明确的:一是党组织的大门是敞开的,欢迎他提出入党申请;二是把他纳入入党积极分子队伍中,加大对他的教育和引导;三是坚持对他进行严格考察。

从张兰俊1993年提出入党申请到2006年入党,经历了13年的时间。在这13年中,可以说张兰俊经历了三种考验。一是时间的考验。13年在人生工作经历中应该说不算短了,但这13年中他不放弃自己的理想信念追求,积极参加组织上的各项培训活动,经常找党员同志征求意见,在工作中严格要求自己,也正如他在申请书中写的"要想成为一名合格的共产党员,不仅表现在思想言行中,更重要的是体现在实际行动上",他是这么说的也是这么做的。他申请入党的这13年中,有10年被评为段级先进职工。自1992年担任班组长以来,一干就是16年,他所领导的班组多次被评为先进班组。二是个别人不理解的考验。犯过错误的人还能加入党组织,有的人不理解甚至持怀疑的态度。有的人知道组织上正在对他进行考察,误以为要吸收他入党,还给当时的分局组织部打电话,表达了自己不理解的态度。对此,张兰俊的思想认识非常明确,他讲:"我过去走过一段弯路,同志们不理解是对的,这说明自己还有很多做得不到位的地方,与党员的标准还有一定的差距,我更要激励自己以实际行动得到同志们的谅解。"三是组织上的严格考察。从入党动机、党的基本知识的掌握、职工群众的反映、党员意见等多方面对他进行考察。他一开始就坚决表示愿意接受组织上的考察:"批准我入党,我要站在更高的起点上,扎实工作,努力实现自己的理想;不批准我入党,我加入党组织的决心也不会动摇,我要时刻用党员的标准要求自己,争取早日加入党组织。"他在入党志愿书写道:"我深知党员的先进性体现在岗位上,党员的先锋模范作用体现在日常的一言一行……"他是这么写的,也是这么做的。入党后的 2006 年、2007 年他连续被评为先进职工。可惜的是,2008 年张兰俊病逝了。

今天把这个故事分享给大家,是因为你们中间有的已经入党了,有的递交过入党申请书,有的还没有要求,但无论什么情况,都应该坚定自己的理想信念,以实际行动实现自己的远大理想。

◎张兰俊生前留影

我的伯母

◎石家庄客运段　赵艺璇

　　立冬这天，又来到伯母家中做客，许久未见，伯母与我清水煮茶，聊起了从前的种种趣事。回想起儿时，每当伯母有空闲，总爱同我们这群孩子讲述她那些难忘的、传奇的铁路故事。小时候听伯母讲就像在看一部电影，只觉得有趣，后来长大了才发现，这故事背后竟蕴藏着国家与社会发展的轨迹。

　　在火车车轮轰隆隆滚过的 33 个年头里，她目睹了石家庄客运段的创业发展，也见证了铁路历史的变迁。

　　手中杯盏在茶水的浸润下，逐渐温热，散发出淡淡茶香，壶中茶叶翻滚着，伯母又讲起了当年的故事。

　　20 世纪 80 年代，一层薄薄的雾在空中轻盈地飘荡着，初冬的早晨是那样宁静。一个少女和父亲走在路上，她的脸盘白白净净，眉眼清清亮亮，穿着一身蓝色军装样式的铁路制服，乌黑的头发梳成两条细长的辫子。他们穿过长长的解放路地道桥，就来到了她接触社会的第一站——石家庄列车段。

　　"英子，从今天起你就接了我的班，得好好干啊，第一次出远门一定要注意安全！"

"放心吧，爸，别送了，快回去吧！"

英子摸了摸头顶帽子上缀了路徽标志的五角星，觉得自己是一名真正的列车员了。她压抑着激动的心情，赶紧整整碎发，又掸掸裤腿上的灰尘，一步一步地走进了车站。

当时的石家庄站十分简陋，狭小的售票厅，窄窄的出入口，看起来像一座简易大棚。简单的培训之后，英子便要跟随师傅们一起走车了。眼下快进入年关，地道桥南侧广场等车的人已经排了长长的队伍，人们摩拳擦掌，随时准备参加这场体力与意志力的双重考验。

经过漫长的等待，一辆绿皮火车晃晃悠悠地进入英子的视线。绿皮火车刚一停好，人群瞬间就变得秩序全无，如潮水一般涌进了车厢，一下子就把车厢塞得满满当当，座位上、过道里、桌椅下面到处都是人，行李、包裹不时从头顶越过，在车厢里每挪动一步都十分艰辛。英子被这阵仗吓了一跳，来不及反应，赶紧帮着旅客提行李上车，费了九牛二虎之力才关上了车门。

英子"惊魂未定"，正回味刚才激烈的场景，忽然感觉衣角动了动，低头一看，原来是个小女孩，约莫着有七八岁。

"姐姐，我想上厕所。"

"麻烦大家让一让，孩子要去厕所。"大家是想让让路的，奈何脚下实在没有空间能挪动一寸了。

英子抱着小女孩，艰难地挪动到厕所门口。一开门，发现里面竟然笔直站着三四个人，里面的人略带尴尬地扑哧一笑，赶紧抽身出来，行李也一件件从里面搬出来。等小女孩用完了厕所，又赶紧把行李一件件搬了回去，人也站成原样，肚子使劲一吸，又关上了厕所门。

火车就这样一路向北慢慢行驶着，时速不过50公里，开到东北气温已过零下20℃，车窗被一层层雪花覆盖、结冰，风雪无情地从缝隙中吹进来,连接板也结了厚厚的冰。英子把车门口的冰雪清理完,已经满头大汗了。她捏住袖口擦了擦玻璃上的雾气,一幅如诗如画的冬日美景从窗前闪过,看着远处农庄升起的袅袅炊烟,顿时让人忘记了身体的疲倦。英子暗自想着这工作真好,虽然辛苦一些,可是能增长见识,既然选择了这一行,就必须得干好。

1987年11月,石家庄新客站建成了,位于大石桥一带,有4个站台,3个候车室,成为当时全国最大的客货运车辆编组站。

"英子,早点回来,我等你。"

"知道啦,在家照顾好爸妈。"

那个年代,谁家姑娘小伙一说在铁路工作,结婚找对象可不用愁。再加上列车员南来北往的,常常能买到一些石家庄没有的稀罕东西,别人家都羡慕得很。英子也遇到了她的爱人,只是她值乘的189次列车,从永定门开往重庆,两地间1700公里的距离,一来一回需要5天时间,与爱人总是聚少离多。

车站的钟楼传来几声洪亮绵长的钟声,提醒着旅客归家的时间,也催促着英子与爱人分别。

"我该走了,快来不及了!"

"英子,安心工作,家里一切都有我呢!"

"再见!"

"我等你!"

不知从什么时候开始,英子家用来计算时间的单位似乎不再是"天",而是变成了"五天",就这样,五天又五天,时光也流逝得飞快。

转眼间到了1998年,英子调到空调车上,工作环境好了许多。得益于十几年的值乘经历,英子工作起来越来越游刃有余,她总是笑眯眯的。一会儿在车厢里清晰地报站名,一会儿迅速地点钱、售票,耐心地回答外地旅客提出的种种问题,有时候也帮旅客缝扣子、哄孩子,忙得不亦乐乎。

春运中的一天，英子看到车厢里一个妇女抱着孩子颤颤巍巍地走着，得知妇女已经一天没有吃饭，有些低血糖，英子把她扶到座位上，拿了自己的饭菜给她吃，又冲了奶粉给孩子喝。妇女把一口菜塞进嘴里，忽然哽咽地哭起来，两行眼泪直流在馒头上。妇女咬着浸了眼泪的馒头说："我是出来找我丈夫的，他在外面打工，出门赶路一天没吃饭了，差点晕倒，真的太谢谢你了！"她的热情总能使整个车厢充满春意，这春意温暖着每个旅客的心。每趟车回来，车厢里的旅客意见簿对英子的表扬都多得写不下。

2012年12月21日，往日的新站又变成了老站。位于中华大街东侧的石家庄新客站华丽亮相，新客站共有13个站台、24条到发线，面积是老车站的4倍。同年，京广高铁正式开通运营，标志着石家庄火车站进入了高铁时代。

这一年，英子49岁了，她的眼角爬上了隐约可见的几条鱼尾纹，但眼睛里还透露出一股灵秀的神采。这是英子头一回见到高铁，她在站台上静静地看着，没有人注意她，她也不注意任何人，她的眼睛不眨一下，眼看着青春靓丽的乘务员们穿着一袭红衣，迎接成百上千的旅客上了车，高铁便像一阵风一般疾驰而去，站台一下子就清静了。英子凝视着远去的列车，一时间有千言万语想表达，却又激动得说不出话来，半晌就只说出两个字——"真好"。

2013年，历经33个春秋，英子光荣退休了。

英子就是我的伯母。伯母与铁路的故事，也是铁路建设中千千万万个"小人物"的故事。他们的人生看起来如此平凡，并不曾做出惊天动地的大事，也正是他们用勤劳的双手和一根根白发，标记着铁路发展的刻度，把人生最美的时光都留在了铁路上。

受伯母的影响，如今的我也成为石家庄客运段的一名高铁乘务员,在平凡的岗位上,继续着伯母的"小人物"故事。我的岗位注定了我每天所做的工作是由一件件小事构成的,但伯母告诉我,越平凡细微的工作越需要耐心和毅力。

◎成为高铁乘务员的我

那座老旧的钟楼,那退役了的老绿皮火车,还有那正太铁路员工一人捐出一天工资才修起来的大石桥……诸多的创业点滴,都在时刻提醒着我,要坚守住老一辈"人民铁路为人民"的使命担当,让这份精神血脉生生不息!

征途漫漫,唯有平凡坚守,才能描绘山河锦绣的壮美画卷。灿烂美好的中国梦,也必将在我的奋斗中实现!

四代人的传承

◎天津工务段　满常春

从我太爷到我,四代人,都在铁路上工作。

大概是 20 世纪初,因连年灾害,土地颗粒无收,百姓难以饱腹。我太爷作为家中长子,只身前往东北谋生,凭着一身力气,成为一名养路工人。后来日本侵占东北,太爷和一众工友逃至河北青县安家,但仍在铁路工作。其间,诸多苦难曲折,也已记录不详,如今只有一冢坟茔,在京沪线旁的公墓里,静默感受着铁路的变迁与发展。

新中国成立后,爷爷也成为一名养路工。

冬天的时候,线路两边的庄稼地光秃秃的,呼啸的北风横冲直撞,固定在一个地方抢洋镐或者打道钉,总会把下半身冻僵。于是,爷爷和工友们想出了一个好办法:抢一会洋镐就围着庄稼地跑几圈,让身子热乎了再回来继续干活。这种坚决执行命令,不怕苦、不怕累,想尽一切办法完成生产任务、保证作业质量和行车安全的作风,非常值得我们学习。

◎爷爷满凤岭在沧州工务段大门前留影

　　夏天的时候,天气热,在线路上干活渴了累了,就到旁边的水洼里喝口水。俯下身子,轻轻吹开水里混杂着的落叶、浮萍、尘土,把嘴贴在水面上,"吸溜,吸溜"喝上一口,然后再吹再喝。极度口渴的人喝水,要先在水面撒上一层沙土,防止喝得太急呛到。那个年代虽然物质条件贫乏,但是人们的精神世界富足,一份收入稳定的工作,能够养活一家老小,就足以让人全力以赴地撸起袖子拼命干了。所以,艰苦的岁月并没有打垮朴实的养路人,反而促使他们贡献了更多的智慧。

　　那时候,上线还不需要防护员,也没有天窗点,巡道工作通常由一个人完成,有的时候遇到特殊任务,还需要晚上进行巡道。新中国成立初期的农村没有几家有电灯,更别说铁道线边上了,往往是漆黑一片,陪伴巡道工的只有一个闪着微弱灯光的手电筒、线路两旁的风声,还有田间地头里零星的坟头上祭祀的香火。巡道工需要独自走行几公里,来到事先约定好的两个工区交界的地方,等待相邻工区的巡道工来到这里,然后两个人交换手里的牌子,再各自返回工区,把这块牌子悬挂在指定的位置,明天再拿着这块换回来的牌子继续去交换。

说起来简简单单的几句话,要严格落实下去却困难重重。独自一人在漆黑的线路上行走,只能靠着对地形地势的熟悉程度来确定当前的位置,到达指定地点后,还得等待对面的巡道工,那个年代没有手机,对方有没有出来,有没有出现什么情况都是未知数……能够做好这项工作,需要太多坚守岗位的勇气和坚决完成任务的决心。

后来,由于工作原因,爷爷到沧州市里工作,每周只能回家一次。奶奶说:"那时候,我一个人带着你爸和你老姑,下班就去地里摘野菜,晚上回来抹酱吃。等到谁家翻盖房子了,去捡几块整砖,等你爷爷周日回家砌院墙、铺院子。"

那个时候,需要挣工分换粮食,爷爷带回来的粮食有时候还不够吃,奶奶就经常去铁路线上打零工,重体力的活干不了,就捡个能拿得动的工具冲到线路上。"两个妇女用一个小拉叉,大拉叉的话就得一个老爷们儿扶着叉子把,两个妇女拉绳子,原先我们做标准站,石砟底下都得用石灰画上线,一天规定拉多少根枕木的距离,干完了才能收工。"奶奶回忆起当年的"光辉事迹",不禁有些感慨。

再后来,爷爷带着家人来到沧州生活,我父亲也进入铁路工作。

我姥爷在天津工程学校毕业后,被分配到太原铁路局原平工务段。在太原工作了20年,也和家人分离了20年,往往一年才能回东光老家一次。

在我母亲的记忆里,每到快过年,姥爷才会回家,会给孩子们带来油纸包的饼干和面包,给长辈带来铁盒装的罐头。母亲说:"她小的时候就知道铁路上的'一站二看三通过',因为在那个年代,所有的小画书都是黑白的,只有铁路工务段的《铁路技术管理规程》上有彩色的信号灯,拿出去和小朋友们玩都特别自豪,所以印象非常深刻。"

　　姥爷是一个十分严谨自律的人，现在快 80 岁的他仍然每天坚持学习，"不忘初心、牢记使命"主题教育的学习笔记还被社区评为优秀作品；每天起床睡觉的时间都是固定的，坚持记录天气预报，有的时候遇到大雨了还会给我打电话，叮嘱我铁路可能得防洪了。我每每回到家，也会和我聊起现在铁路的新技术、新设备。

　　后来，我姥爷回到沧州工务段工作，遇到了我爷爷。两位老人很快成了工作上的好搭档，后来又成了亲家。

◎退休后姥爷（左三）到天津工务段参观

　　早些年，我父亲是一位火车司机。那时候，火车还需要烧煤，只要火车朝前跑，填煤的铲子就不能停下。我父亲就是用一铲又一铲的煤，从司炉填到了副司机，从副司机填到了司机。

　　记得小时候，家里住的是铁路家属院，旁边就是铁道线，妈妈经常带我到铁道边上玩耍，调皮的我总是偷偷地在钢轨上摆放一些小石子，不懂事的我天真地以为小小的石子能够挡住爸爸开的火车，这样爸爸就可以经常回家陪我玩了。

1998年，因特大暴雨，父亲的机车被困在了石家庄，半个多月都没有回家。5岁的我第一次见到妈妈戴上了大红花。原来是机车滞留时间太长，很多职工都没能回家，单位领导到职工家里进行了慰问，为母亲戴上了大红花，送来了食品，并且细心地查看了我们家的煤气罐里还有多少煤气，如果少了的话好叫人送来。

后来，我父亲来到沧州工务段驾驶轨道车。再后来铁路改革，沧州、南仓、天津工务段合并为天津工务段，我父亲又来到了天津工作。

周一早上要起早，一周才能回家一次，每到周五晚上，我就得饿着肚子等爸爸回家，9点多才能吃晚饭。妈妈独自照顾着爷爷奶奶、姥爷姥姥，还有我们这个三口之家，生活的琐事让她对工作的投入微乎其微，所以也一直没有固定的收入。

我似乎也从未思考过我们的生活为什么会是这样——长期的聚少离多，越是逢年过节、放假休班、刮风下雨，我爸爸都会缺席我和妈妈的生活。我从来没有问过为什么，因为我爷爷也是这样，因为我姥爷也是这样。我以为大家都是这样的，家里的男人们就应该把时间献给事业。

再后来，我如愿考上了石家庄铁道大学四方学院。在学校学习的过程中，我逐步了解了铁道兵的历史，了解了铁路，也记住了那句"人民铁路为人民"的铿锵誓言。

2015年，我参加工作，来到了天津工务段——这个我们一家四代人都奋斗过、挥洒过汗水的地方。

还记得入路培训后正式工作的第一天，我师傅叫我在屋里整理内业，我一听就不干了："不行师傅，我得上现场！"

"今天换枕木，你干不了！"

"咋就干不了，你让我去试试！"

周末回家,奶奶问我上班咋样,我给她看了看磨起泡的手,有点撇嘴,没承想,被奶奶训了一顿:"这点苦就受不了了?! 从小到大,你吃的用的哪一样不是铁路给咱们的,咱们一家人都是干这个的,孙子你可别给咱们家丢人呐!"

可能是因为我家祖祖辈辈都从事铁路养护工作,都是养路工,耳濡目染中,"艰苦奋斗、永当先锋"的铁路传承,深深地刻在了我的性格中、我的骨子里。很快,我适应了铁路工作,在施工现场、在内业管理中渐渐承担起更多关键性的工作,也逐渐能够为铁路事业贡献出更多的力量。

后来,我遇到了同为铁路职工的妻子。我们在天津结婚生子,休班时回沧州看望亲人,时

◎工作中的我

时感觉到生活的美好、时代的进步——短短半个多世纪,中华民族实现了从站起来、富起来到强起来的伟大飞跃,中国铁路也从初期的借鉴学习,到后来的自主创新,再到领跑世界,多次刷新世界纪录。我为生在如此美好的时代而自豪!

我家四代人对铁路都怀有深深的感情,我们看到了铁路的快速发展和变化,这正是无数铁路人爱岗敬业、甘于奉献的成果。

用担当筑匠心

◎石家庄车辆段　张慧保

"咱们车间老杨又得奖了！"

"老杨太厉害了！"

一大早，石家庄车辆段石家庄动态车间的同事们就在你一言我一语地议论着，他们口中的"老杨"，就是车间电脱维修组的工长杨献章。原来，中华全国铁路总工会颁布的 2021 年度火车头奖章获奖名单中，杨献章榜上有名。消息一传开，车间的同事们都对老杨赞不绝口，纷纷向他竖起了大拇指。

说起杨献章，石家庄车辆段几乎人人都知道这位来自动态车间的技术能手。已经 59 岁的杨献章，是一名共产党员，也是一名高级技师，担任着车间电脱维修组工长、电脱 QC 小组组长、"杨献章创新工作室"带头人。老杨的确名不虚传，2013 年获全路技术能手，2014 年获局级首席工人技师，2015 年成立"杨献章创新工作室"，2016 年获段级十大创新领军人物、"石辆工匠"，2017 年获"京铁工匠"，2021 年获火车头奖章……

1987 年，杨献章开始参加铁路工作。年轻的他深知自己相较于别人，并没有得天独厚的优势，想在这样普通的工作中干出成绩，自己就必须比别人更勤奋、更努力。1990 年，杨献章从列检车间调到红外线车间，负责运用车间主要行车设备的维修。面对新的工作环境，他需要从最基础的知识学起。

"我们那时候没学过电路，看着那些复杂电气线路，听着大家讨论各种设备故障，我真是一头雾水啊！"回忆起当年，杨献章不禁皱了皱眉。

自此，杨献章开始刻苦钻研电路知识，经常看书看到深夜。凭着一股不服输的劲头，杨献章仅仅用了两个月的时间，就把《电路基础知识》一书学透了。

可真正到了上手检修设备的时候，杨献章又遇到了新麻烦，"在设备检修时，我发现一味地套用书本上的电气知识是行不通的，而是需要灵活应用，还要根据实际情况转换新思路，采用新方法。"

于是，杨献章每天跟在老师傅们的身后，一条一条梳理故障表象、故障原因和检修方法，有不懂的就及时向他们请教。"看！这都是当时我做的笔记，至今我都还当宝贝一样珍藏着。"杨献章的抽屉里面整整齐齐地摆放着 10 余本大小不一的笔记本，笔记本的纸张已泛黄，边角也有很多磨损。

功夫不负有心人，经过一段时间的积累，杨献章掌握了不少绝活儿，"听音辨故""蒙眼换件"都不在话下，班组里很多老师傅都自叹不如。就这样，杨献章渐渐成为班组里的技术达人，遇到设备检修上的"疑难杂症"，工友们都爱找他请教。

"付出的多了，自然会有回报，后来段里只要举办技术比武，车间就派我去参加，几乎每次我都能拿第一！"说着，老杨的脸上洋溢出自豪的笑容。

由于技术业务突出，1999 年，杨献章顺利当选电脱组班组长，但他感到肩上的担子沉甸甸的。"打铁还需自身硬，我明白只有自己的技术过硬，才能让大家信服，才能把整个班组带好。""常见故障电路图、处理故障原理图等,只要同一类别故障以前有'案底',我闭着眼睛也能把图画出来。"

随着设备不断更新,杨献章已陆陆续续记录各种常见故障处理方法 500 余条,并最终汇编出一本集电工基础知识、电脱知识、电路原理、常见故障处理知识等于一体的《常见故障整理汇编》,并毫不保留地提供给工友们参考学习。后来,这本书几乎成了班组里的一本"秘籍",只要有活儿,大伙儿就随身携带、翻看。

独木难成林,杨献章始终将班组人才的培养作为工作的重中之重。电脱班组整天和电路、电器、代码等打交道,细微的误差都需要严格按规定和要求进行调整,没有长期的经验积累是做不好的。

"我尽心工作的同时,一直思考着怎样带好徒弟,带好班组,把自己多年总结的经验传授给徒弟们,对他们提出的问题有问必答。"

于是,电脱组涌现了"电脑专家"丁宁、"课件高手"田玉华、"技术能手"张建立、宋慈忠,"故障行家"杨建文……在这个平均年龄近 50 岁的 17 人班组中,"特长生"就有近 10 人。"能够培养出更多的年轻人,才是作出最实实在在的贡献。"

2004 年,杨献章顺利考取了工人技师的资格证书,从此翻开了匠人之路的新篇章。

"咱每天面对的都是线路、数字、代码,绝对不能用大概、差不多之类的词,一定要精准。"杨献章作为电脱 QC 小组组长,针对设备运行中发生故障较多的位置和部件,刻苦攻关,积极开展技术创新,2007 年以来多次解决设备运行中出现的疑难问题,不断提升设备质量,保证安全生产。

2008 年至 2021 年,杨献章带领电脱 QC 小组完成了 10 余项科技创新成果。

"作为一名奋战在一线的维修工长、QC 小组组长,我的职责就是一丝不苟、精检细修,对疑难问题进行技术攻关和创新,确保设备安全稳定、正常运行,确保检车作业人员的人身安全和货物列车的运行安全。"在河北电视台经济频道"实施质量强省,迈入质量时代"主题晚会上,杨献章代表铁路系统登台接受采访时说道。

"一个小小的铁路一线班组,能连续10年获得国优,创造了质量管理的奇迹。"河北省质量协会常务副秘书长参观电脱班组时说。

◎杨献章(左)在现场工作中

2015年,段里以杨献章的名字命名,成立了"杨献章创新工作室"。自工作室成立以来,杨献章带领工作室成员最大限度发挥"小、实、活、新"的创造力,先后主导完成了《转辙机电路技术革新》《改进微控列车试验器从站控制柜风管路》《电控列车试验机控制箱技术革新》等10余项创新成果。

"快退休了,还是有点不舍,毕竟在这个岗位上干了这么多年。"杨献章真心热爱着铁路工作,相比荣誉,他更在乎的是他的工作室,希望在距离退休不多的时间里,把自己的这份匠心、技艺毫无保留地传承下去……

长城脚下我的家

◎北京工务段　钟卓纲

站在青龙桥车站,向铁路的对面望去,能够看到一处灰墙红瓦的僻静院落——那里就是闫全忠所在的青龙桥养路工区,也是陪伴他从青年到临退休37年的家。

"中国铁路之父"詹天佑主持建造的京张铁路上最著名的"人"字形折返点就在这里。100多年前,詹天佑设计运用了"人"字形线路——北上的列车到了南口就用两个火车头,一个在前面拉,一个在后面推。当列车运行到青龙桥,过了"人"字形线路的岔道口就倒过来,原先推的火车头拉,原先拉的火车头推,使列车折向西北前进,顺利爬过陡坡继续前进。

作为青龙桥养路工区的工长,闫全忠非常热爱自己的工作,也喜欢打理工区的院子,用他的话讲就是"我在单位的时间远比在家的时间多得多"。因此,他把这里当成自己的家一样。没有天窗点的时候,闫全忠就会组织职工认真打扫屋子和走廊的卫生,收拾库房机具和院子。春夏时节,很多走进养路工区院子的人,都会被院子中间一大片郁郁葱葱的菜地吸引。这是闫全忠和大家共同的劳动成果。空闲时,闫全忠组织大家种植黄瓜西红柿豆角辣椒,加上段上配发的米面粮油,工区职工每年从 6 月到 9 月基本不用交饭费,不仅能省钱,还能从中找到收获的乐趣。很多慕名来参观青龙桥车站、瞻仰詹天佑铜像的游客都觉得青龙桥养路工区头顶长城,背靠青山,环境宜人,不仅是养路之地,更是养人之所,是不可多得的休闲养生之地,甚至有人打趣说工区的住宿是"五星级风景民宿区"待遇。但实际上对于工区里长年累月住在这里的职工来说,却是与蝎子、蜈蚣等昆虫为伴,与毒蛇、老鼠等小动物为邻居,想出门去趟超市都要钻隧道来回走一个小时……

闫全忠说:"刚到青龙桥工区时,我还是个毛头小伙子,同一批的职工来来去去,唯独自己像一颗铁打的钉,钉在这青龙桥工区,一钉就是 37 年。"闫全忠的家在延庆,离青龙桥工区很近。但是,在工作的这些年里,他没有在任何一个节假日回过家,一到节假日必定主动申请值班,把回家过节的机会留给那些平时回不了家的同事。青龙桥工区的职工都把闫全忠当成自己的老大哥、知心人,不管有什么事情都愿意和他说,遇到困惑的问题也会向他寻求解决的办法。

闫全忠不仅是全车间,还是段里有名的技术能手,对于自己管辖范围内的设备,他比谁都要熟悉。青龙桥工区管辖的 32 公里线路隶属于北京工务段康庄线路车间,既是百年老线又都在山区。现在很多地区都普及了无缝轨道,但是山区铁路情况特殊,这 32 公里线路光曲线就有 85 条,包含 23 组道岔、超过 3000 根钢轨……曲线半径小、地势高差大,导致轨道短、接头多,列车来回碾压,就会造成轨道接头的震动,时间久了,负责固定钢轨的螺栓、扣件等位置难免会出现崩裂的情况。一旦出现问题,就需要及时更换维修,给工区造成了很大的作业压力。

养路工看着"五大三粗",干的却是最精细的技术活,两条钢轨的轨距和水平误差必须控制在毫米级以内。闫全忠凭借着自己丰富的现场经验和业务知识，带出了一个个出类拔萃的大学生徒弟，其中有很多已经走上了段里和车间的管理岗位。"冬防断夏防洪"是工务的主要工作内容，特别是八达岭这种山区铁路，山里比外面冷得早，每年过了11月，再经历一场秋雨之后，职工们上夜班就得穿棉衣棉裤。冬天更冷，由于两侧大山的遮挡，每天屋子里能见太阳的时间很短。据闫全忠讲，他刚上班那会儿，几乎每个人手上都有冻疮。夏天，往往外面一场小雨，在山区就变成了大雨，工务要求的是"雨中、雨后检查"，越是糟糕的天气越要不怕辛苦及时进行沿线巡检，生怕有哪个地方没检查到位影响列车运行。后来，在闫全忠的带领下，大家都练就了一对"顺风耳"，光凭声音就能判断出远处行驶的列车是上行车还是下行车。

虽然同在一个工区，但职工平时很难同时碰面，打牌都凑不齐一桌。因为都是三五个人搭班轮着出去干活，有时候你在，有时候他不在……所以，工区里一些大龄未婚的职工就成了闫全忠的心头病。那时候，闫全忠只要一有时间就往职工宿舍里钻，他想融入职工中，准确地为大家的想法和诉求把脉画像。每次外出培训或者回家，遇到合适的，他就会给职工抓紧撮合，希望大家都能有个幸福的好家庭。每年霜降后，从北京城区甚至全国各地专门赶来拍红叶的人就会一下子增多，这是工区最热闹的10来天。闫全忠和同事就会义务担当起解说员，一遍又一遍地给游客们讲詹天佑的伟大事迹、讲京张铁路，宣传我国铁路的历史文化。同时，也会提醒游客注意安全，及时阻止那些想与火车"亲密"合影的摄影爱好者们。

以前每次外出作业，干活的劳累只是一方面，另一方面工具的笨重也是很大的压力，洋镐、耙镐、大拉叉、吊轨车、翻轨器、内燃机扳手、撬棍……每样铁疙瘩都得有几十斤重。即便如此，大家仍然干劲十足。当时,设备经常需要维修,闫全忠记忆中干得最多的是更换枕木,每个人分多少根,挖石砟挖得满头大汗,腰酸背痛。那个时候几乎没有机械,全部是纯手工活,但是大伙干得热火朝天,谁都不想当最慢的那一个,你追我赶的,仿佛浑身有使不完的劲儿。

小时候在大人口中和学校书本上了解到詹天佑的事迹,闫全忠只是单纯地觉得他是一个了不起的人物,直到自己来铁路上班,才真正亲身感受到"守业"已是如此艰难,"创业"又该是多么的辛苦。当初,詹天佑先生在一无图纸、二无参考的条件下,带领大家一边创新摸索、一边不断学习,披荆斩棘,逢山开路,遇水搭桥,在那么艰难的条件下修建完成京张铁路,使之成为中国第一条完全由本国工程技术人员独立设计施工而建成的铁路,成为历经百年岁月仍然觉得扬眉吐气的一条铁路线。更让闫全忠感到欣慰的是,2019年底京张高铁从青龙桥下方平稳穿过,京张铁路与京张高铁遥相呼应,从时速35公里到时速350公里,共同见证了中华民族的伟大复兴,青龙桥养路工区也成为教育青年不断进取、自强不息的最生动教材。

这些年,闫全忠最大的感受就是铁路科技的进步。以前,线路是手工捣固,劳动强度大,还容易造成较大误差,作业效果也不好,给养路维修造成了很多困扰。后来,变成小蜜蜂、眼镜蛇等各种捣固机器,虽然提高了作业效率,但是连续作业中职工经常被震得耳鸣目眩。现在,闫全忠接触的更多的是大型机械捣固作业,无论线路各部分几何尺寸有什么问题,技术人员用安伯格或者日月明小车沿着钢轨一推,数据就能清晰准确地传输到电脑上,然后根据这些采集到的数据做整治方案,既省力又科学,还大大提高了作业效率和质量。现在的年轻人真是轻松多了,也幸运多了,闫全忠由衷地羡慕他们,相比自己刚上班那个年代,他们有更多的发展机会和展示自我才华的平台。但是,闫全忠也常常跟他们讲,无论到什么时候,一个人要想好好发展,就必须沉下心来努力学技术、练本领,肯钻研、勤动手,"吃得苦中苦,方为人上人"是亘古不变的道理。

2013年5月,青龙桥线路工区班组党支部成立,闫全忠作为工区的工长,成为支部的第一任党支部书记。通过闫全忠和同事们的共同努力,支部在2014年、2015年度被评为集团公司先进班组党支部,党员"之"字形线路百年道岔(青龙桥东站2#道岔)于2017年被集团公司党委命名为优秀党内品牌。同时,青龙桥养路工区自成立以来保持了未发生任何安全事故的纪录。

◎闫全忠巡视线路

詹天佑先生曾说,"所幸我的生命,能化成匍匐在华夏大地上的一根铁轨,也算是我坎坷人生中的莫大幸事了"。这句话一直记在闫全忠的脑海里,也一直深藏在闫全忠心里。作为一名普通的铁路工人,同时是一名铁路基层的老共产党员,闫全忠希望每一名年轻的职工都能够始终秉持着"人民铁路为人民"的初心和志向,踏实努力,辛勤工作,无愧于詹天佑先生的谆谆教诲,无愧于党和人民的殷切期望,无愧于这个美好的时代,将有限的青春化作无限的奋力拼搏,将实现自己的人生价值和职业价值与铁路事业的不断发展紧密联系在一起,在交通强国的伟大实践中贡献自己的力量。

平凡岗位上的坚守

◎石家庄客运段　张　磊

他是同事眼中的"全能人"、家人口中的"拼命三郎"、旅客心中的"亲人老芮",他不为名不图利,同一条线路,同一个班组,他一干就是33年,在平凡的岗位上兢兢业业、默默坚守,他就是石家庄客运段退休列车员芮成本。

33年间,芮成本本着对工作的热爱和对岗位的坚守,一直在京渝线上穿梭,从最初的绿皮车到如今的空调车,从年轻帅气的小伙子到经验丰富的老头子,周围的同事换了一茬又一茬,旅客送走了一批又一批,而芮成本却亲历了中国铁路翻天覆地的发展与变化。

平凡岗位上的"全能人"

1981年京渝线开通之初,芮成本也是从这一年开始值乘K589/K590次(原189/190次列车),这一值乘就是33年。"说起值乘这趟列车,我清楚地记得往返一共4156公里,在我们段来说,这是走车时间最长、路程最远的一条线,光隧道就要过405条、桥梁要通过716座。我总结这趟列车有'四多':山多、水多、桥多、隧道多。"

"1981年,因重庆周边山区较多,相对来说比较贫穷,我们这趟火车成了农民外出打工的唯一选择。那个时候能坐上火车是一件很不容易的事情,经常性超员。那时候的超员跟现在可不一样,行李架上、座席下面、靠背上都能看见人,就连厕所里也会挤着五六个人,更别说到农忙春运的时候,超员率有时能达到200%和300%。"芮成本在回忆时,显得异常激动,那是他挥之不去的青春,也是他作为京渝线最初见证者的最好证明。

最初的189次列车是绿皮车,开行之初,共10个包乘组,是清一色的年轻人,上至列车长下至列车员,平均年龄在28岁。芮成本作为班组的一员,在班组中担任供水员,在车上人手紧张时,他还兼任乘务员、查票员、行李装卸员、治安员等多个角色。

"那时候,组织旅客安全上车,简直比蜀道还难! 一趟车下来,不是衣服被撕破了,就是制服扣子不见了。这既是体力活儿还是技术活儿。"老芮回忆。由于超员严重,"关门小组"应运而生。每到客流量大的车站,由休班的党员乘务员组成的"关门小组"与当班同事一起组织乘客上车,当班同事必须下车才能关好车门。车门关好之后,老芮和同事再以百米冲刺的速度跑到软卧车厢门口上车。"现在,到了高峰期,我们的'关门小组'还会出现在站台上。"老芮不善言谈,但一谈起当年的"难"事,他就打开了话匣子。从他的话语中,没有丝毫的抱怨,更多的是收获和幸福。

"亲人老芮"的"热心肠儿"服务

"干了一辈子的铁路工作,老芮从来没有一点懈怠,一大把年纪了,身体和记性都倍儿棒,对车上的重点旅客,他总是跑前跑后,送水送药,被旅客亲切地称为'亲人老芮'。"这是原京渝车队重六组列车长杜华军对老芮的评价。在旅客眼中,芮成本是亲人;而在杜华军车长眼中，老芮就是个"老顽童"，每次出乘，车长总能从他的车厢里听到欢声笑语。这些都源于芮成本为了更好地与四川旅客交流，提升服务质量，早早练就了一口流利的四川话，加上老芮喜欢跟旅客交朋友，跟农民兄弟攀亲戚，一趟车下来他总能攀上几个四川老乡，其中有些旅客不管是回家还是来北京，如果不是特别着急，总会想方设法地选择老芮值乘的车组。

也正是因为老芮麻辣味十足的四川话，使很多看似一触即发的冲突迎刃而解。有一次，在旅客休息时，正赶上列车员打扫卫生，不经意间移动了旅客的鞋子，有的旅客一时没找到，情急之下大嚷大叫了一番。老芮听到后，立刻回道："幺妹，我刚扫地，你的孩子（鞋子）在这里！""要得，要得。"或许是因为乡音绕耳，又或许是被老芮的真诚打动，刚刚还火急火燎的乘客，瞬间平复了激动的情绪。"你扫嘛，你扫嘛，我就是找找我的孩子（鞋子）。"

芮成本在回忆这一辈子的铁路工作时，骄傲地说道："我这辈子只干了一件事，就是认认真真地落实'人民铁路为人民'的宗旨，老老实实地为旅客服务。"

"小伙子，请您别把手扶在门框上，严防别人关车门挤伤您的手""这位先生吸烟请离开车辆连接处，以防过道叉车体晃动容易磕碰""老同志，您接水别太满，防止车体晃动或别人碰着您时，热水洒出来烫伤您的手"等，这些都是老芮在车厢内对旅客的安全服务提示。

为了保障旅客乘降安全，老芮经常顾不上自己。"2013年春运，十堰至襄阳天降大雪，在十堰站由于站停时间长，旅客上车陆陆续续，芮师傅在严格落实车门口乘降组织制度的前提下，还不断清扫车门口的积雪，用抹布擦拭渡板，做好扶老携幼工作，而自己身上却落满了一层厚厚的积雪。就连旅客都跑过来催我，这老师傅身上都是雪了，你们也快上车吧。"列车长刘国梁回忆。

30 余载坚守岗位见证铁路发展

30 个小时车程、30 多个站点，芮成本对于每一个车站停靠方位、停车时刻早已烂熟于心。在不知不觉中，老芮已伴随列车跑了 723 万公里，当年朝气蓬勃的小芮，如今变成满头银发的老芮。每当有人问起，将自己人生中最美好的青春岁月献给这条漫长、艰苦的铁路线有何遗憾时，老芮总是平静地说："只有快乐，没有遗憾。"

◎坚守岗位 33 年的芮成本

33 年时光荏苒，从 189 次到 389 次，从 1389 次再到 K589 次，从 56 个小时到 30 个小时，更换车次，列车提速，列车环境不断改善，铁路建设越来越完善。在岗 33 年的老芮用亲身经历见证了这条线路的一次次蜕变与成长，从绿皮车到空调车，从供水员到列车员，从票剪到电子验票……

1981 年，老芮的主要工作是供水员，说起供水员，也是当时的特色工作。189 次的绿皮车还是自烧锅炉的小慢车，列车上没有空调，没有热水，这对于乘坐长途火车的人来说，自带的一杯热水是远远不够的，这时供水员便应运而生，专门为有需要热水的旅客提供热水服务。"当时，我担任供水员，每天在车厢里来来回回不下数十次，只要旅客有需要，我就立马到位。当时可不像现在有电茶炉和空调，那时候夏天车内热得大汗淋漓，人挤人，现在有了空调，旅客再也不用夏天开窗扇扇子，冬天挤在一起，列车员也可以专心为整个车厢的旅客服务了。"

33 年来，在这条线路中的点点滴滴，老芮的记忆如在昨天，"当时的旅客穿的都是补丁贴补丁的衣服，背着背篓，装着鸡鸭，一辆新车一年下来几乎就'面目全非'了，但是现在确实不一样了，人们的生活水平提高了，出门的人精神矍铄，眼里充满着希望，一些农民旅客也开始在餐车点餐吃饭了。"

在听到当前检票进站乘车的新举措时，老芮激动地说道："之前，我们检票都是用票剪，上车之前要先看车票。现在不一样了，拿身份证、人脸识别就能进站，蓝牙手持机一扫描，信息就都有了。虽然我退休了没赶上，但不得不说，铁路的智能化、便捷化和人性化服务，给广大旅客提供了便捷，让昔日匆匆的脚步变得越发从容，旅客也增加了更多的幸福感和获得感。"

2014 年底，随着最后一班岗的结束，老芮离开了伴随他 33 年的铁路线。"尽管有些舍不得，但毕竟自己岁数大了，也是该把接力棒交到年轻人手上的时候了。长江后浪推前浪，年轻人的舞台更广，未来一定会做得更好。"

一辈子干好一件事，对许多人来说是件想都不敢想的事，而对于老芮来说，却是他毕生的信念和追求。几十年来，芮成本在平凡的岗位上坚守，一以贯之，持之以恒；坚持在最艰苦、最锻炼人的线路上奋斗,做着供水员工作的同时,兼任乘务员、查票员等多个角色。他用激情传播着正能量,用热情锻炼着"全能";他坚持衣着朴实、粗茶淡饭的同时,克尽所能热心助人,用"将心比心,帮助别人我快乐"的箴言展现着"不平凡"。

难忘京原情

◎北京西车务段　　王志安

　　我很怀念在京原线铁路工作的每一天，怀念每一位同事，也怀念那些曾经陪伴着我的信号机、信号旗、闭塞电话……

　　巍巍燕太(山)相伴，滔滔拒马(河)相依。绵延千里的京原线(北京西车务段管内)就在北京西北的群山峻岭之中。它在北京局集团公司所属的地域，横跨两省一市六个区(县)。它是20世纪60年代勘测、设计，由当时铁道兵耗时10年修建，于20世纪70年代初交付铁道部(北京、太原铁路局)管理、开通运营。

　　当时，京原线线路很不稳固。管内234公里都是燕山、太行山脉的花岗岩、页岩地质，山洞隧道又多，许多地下暗河在轨道导水槽中汩汩奔涌。冬季三九天，线路冻害，三天两头停运抢修；夏天雨季，山体滑坡、路基塌方、山洪泥石流，致使按公里计的大范围线路悬空，钢轨变形。京原全线三分之一的线路是桥涵、隧道、弯道、坡道，京原线起点(0公里)是石景山南站，终点是大涧车站(234公里)，管内海拔升降达千米。

　　运输硬件比较落后。行车设备有20世纪60年代的色灯信号，也有 20 世纪 30 年代的臂板信号;行车闭塞法有继电半自动闭塞、没电的车站用电话闭塞(路票是列车进入区间的凭证,靠点煤油灯照明的小西庄站、云彩岭站、大涧站就这样行车)。此外,当一切电讯中断时,还会用红色许可证行车法。当时,只要能通车,什么闭塞法都用。

职工生活没有保障。接管初期,沿线车站经常断油断粮,能吃上青菜就算很好了。由于缺菜少油,职工食堂多是做面条、馒头。每周从北京开来一趟生活列车,给管内 28 个车站送粮、送菜、送水(有十几个沿线站点没有生活用水)、送办公用品,如遇塌方断道、列车停运,只能两周送一趟生活补给。遇到这种情况,沿线车站站长或党员老职工,就拿着盖有车站公章的借条,走上几里山路,到车站附近的乡村,找生产队主任、支书或大队会计,借小麦、玉米磨面,借既当粮、又当菜的土豆,以保证在岗职工不饿肚子。当时,在山西省地界的北京通勤职工,刚开始吃土豆很兴奋,吃土豆又便宜(1 元钱能买 17 斤)又能节粮,能蒸、能煮、能炒、能烤,能丝、能片、能块。半年以后,职工一听吃土豆,胃里就冒酸水。由于线路不能保障通车,加之通勤又远,一旦遇到塌方断道,职工有时半个月都回不了家。

职工业务水平参差不齐。最初调到京原线的职工专业技术知识比较薄弱(靠作业量培养条件又不具备)。加之,80% 是男性青年职工,多数人没有对象,这对京原线队伍的稳定发展带来了不可忽视的影响。

我就是在这种条件下,于 1973 年 6 月 1 日来到当时的良各庄车务段(北京西车务段前身)报到,然后被分配到云彩岭车站(山西省灵丘县境内)。

面对如此现状,我心里也产生了不甘:距离北京 200 公里,黄土高坡,缺水没电(一到晚上就用抹布擦煤油灯罩,否则灯就不亮),全站总共 20 来人、三股线,工作就是扳道岔,一天就一趟列车,太单调枯燥。

"到地方上大干一场"的心思也凉了半截。在家休班时,参加同学朋友聚会,有人问我工作,也不愿意跟人家说,只讲分到铁路了。总之,刚开始工作的那个阶段,我思想比较沉闷,工作劲头也不高。对此,站长陈增杰用自己20多年的奋斗经历,启发了我:"趁年轻,工作时间充裕,要多学习、多实践、多向老同志请教。"此外,陈站长以站为家,在站每天闲不住,不是巡视检查行车工作,就是替班顶岗,让职工到段参加学习培训,还组织车站职工开荒种地,解决职工吃菜问题。看到这些,联想起自己当初离开部队,院领导与我谈心,鼓励自己到地方后,把解放军的光荣传统保持和发扬起来的要求,自己暗下决心:一定要以实际行动干出样儿来!

1973年京原线刚开通,每天只开行一列路内列车,其余时间就做车站基础工作:充实《车站细则》,规整客货行车环境,规划办公、间休房舍,搞卫生,熟悉人员……我在与同事的接触中了解到:有些新来的同事觉得离家远,山沟里生活艰苦,没待头,跟当初的自己一样。我就主动用切身感受和体会跟同事聊天谈心,加强交流,帮助他们解决思想上的问题。同时,对于影响大家生活的问题,我积极参与解决。车站伙食团副食差,于是我主动帮助管伙食的同事,并和他一起利用休大班,从北京采买蔬菜。此外,伙食团炊具坏了,也会及时带回北京修理或购置新的。当时,北京市居民每月每人半斤油,铁路沿线车站职工伙食团根本没有供应指标。对此,我休大班回北京,常常跑几个副食店,看到有适合炼油的肥猪肉就买(有时要买几次、几拨),拿到车站靠肥猪肉炼油,保证在站职工能吃上炒菜,在休大班前,能吃上一顿烙饼。这种方法在冬天还可以,一到夏天就不行了。一是肥猪肉买早了,天热放不住(当时没有冰箱);二是买晚了,没有适合炼油的肥猪肉。再者,从北京南站到云彩岭车站,坐火车要7小时(6:07开车,13:07到达),鲜猪肉头天买,第二天也要变质,用什么方法保证猪肉不腐呢？经过几次尝试，我头天将买好的肥肉用花椒水煮一下，捞出后撒上盐，第二天再带到车站。这样做很有效果。至此，解决了车站伙食团的吃油问题。

我在车站不负责材料保管，但如果安全生产有需要，不论分内分外，我都会搭把手。有一次，去段里学习培训前，站长跟我说："办公室发给车站几个水桶，你能拿就顺便领回来啊。"当时正是冬天，职工吃水要到几公里外的山洞用轨道车推回，因水桶少，一次运不回多少水。这次听说上级要发水桶，自己心里非常高兴，这下就能多装几桶水了。在段里培训完，到办公室领桶时，难题又来了——4 个水桶一样大，不能套在一起，那次又领了几个手信号灯，体积大不好拿。最后，自己找材料室的同志要了一根棍子，把信号灯放在桶里，挑着水桶走了。到了北京南站，由于"超限"上不了公共汽车，我只好从南站挑着桶走了3 公里路回到市中心的家（当时利用休大班到段里培训，上班时，再这样将物品带回车站）。

铁路工作要服从命令，听从指挥，严谨细致。做扳道员时，我常想道岔就是车站的大门，扳道员就是车站的哨兵，咱虽然没有直接为国家创造物质财富，但手中的握柄却关系着国家和人民的生命财产安全。想到这些，我每次都严格按"扳道四程序"扳道岔，对接发车命令一丝不苟呼唤应答。夜间手信号显示不易掌握横平竖直、灯正圈圆角度正，我就在列车间隙，开着灯对着墙练习，胳膊练得酸疼也咬牙坚持。终于，在夜间引导接车时，只要机车在站外千米一露头，我就能发现手信号。

1973 年至 1974 年，车站没电，只能长期用电话闭塞，手信号引导接车进站。有一次夜间，我引导接车时，手信号黄灯玻璃突然掉了，由于及时修复，没造成列车临时停车事故。事后，我认真进行了分析。为防止类似事故的发生，除夜班前认真检查手信号灯安全外，我还利用休班,在北京的眼镜店买了一块黄镜片,从家中带上一把手电筒,自制了一个备用手信号灯,每次到站外引导列车,都带上它。自此,类似险情再未发生过。

做助理值班员时,为把住安全关,我努力做到嘴勤、腿勤,眼里有活儿、心里不懒。每趟列车闭塞都及时出场检查线路,无论酷暑严寒我始终自觉做到不偷懒,趟趟不落。同时,在夜间晴天,利用钢轨顶面反光,做好确认线路空闲。

1978年,我由扳道员、助理值班员,转做车站值班员工作。为提高专业知识,我自学了相关专业书籍,并做好重点摘录和学习笔记。到段里开会,我主动请运输部门的领导讲授专业知识,并请他们给自己汇集出了最早的专业题库,自己对照规章汇总成册,边干边提高,保证了安全生产。

回想起使用臂板信号机时,不论三伏天,还是数九天,只要进出站信号机灭灯,当班中的我都要第一时间拿着备用灯泡,爬到进出站信号机十几米高的灯柱上,探出身,拧下故障灯泡,换上新灯泡,以保

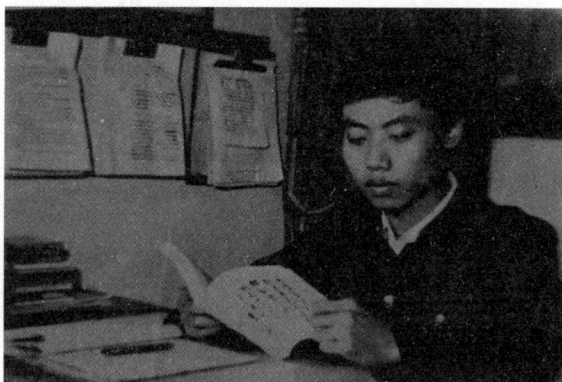

◎1980年王志安任云彩岭站站长时的工作照

障行车信号灯正确显示。不论是晒得头昏脑涨,还是冻得手脚失去知觉,当时只有一个信念:快点修复,保证行车,不能让列车停车,不能让单位生产安全成绩中断。

如今,京原线早已实现了微机联锁,全部实现了色灯信号,安全生产设备正向着电气化迈进,安全生产日益巩固。京原铁路管内234公里,燕山、太行山脉早已绿化成林,高架电网遍布、高速公路伴行。车

站"五小建设"早已实现现代化,职工生活已无后顾之忧……

青春因奉献而绽放异彩,作为一名普普通通的铁路人,虽然做着一个平凡得不能再平凡的工作,但是就要凭借着对生活的热爱和事业的执着,兢兢业业、立足岗位,在工作中认真履行自己的职责,严格遵守各项规章制度,提高安全风险防范意识,践行全心全意为人民服务的宗旨,更要勇担历史使命,踔厉奋发,笃行不怠,不负韶华。

回顾京原铁路 50 年的历史,只愿青年职工们把京原铁路奋斗精神传承下去,在新世纪里谱写新华章!

一名老兵的成长经历

◎石家庄供电段　宗家丞

在石家庄供电段提起杨英杰，领导会说：工作有一套，把工作交给他，放心。而职工则会说：和他共事，舒心。

杨英杰是原石家庄供电段石北接触网工区工长，兼任党支部书记。如今已经退休，他在接触网工作一线奋战了38年。其间，担任工长职务30年。在工长岗位的30年里，数不清有多少个节假日、公休日，是在工作中度过的；也说不清有多少个黑夜白昼，在设备抢修维修的现场，闪耀着他忙碌有序的身影；更记不清有多少次施工改造任务，在他的兢兢业业、认认真真负责中，高质量通过了验收，保证了设备如期有序平稳运行。他是个普普通通的石供人，没有显赫的头衔和耀眼的光环，但是那大大小小的奖章、一摞一摞的证书记载着他30多年奋斗的历程，也说明着他不是一位平凡人，他无悔的付出和忘我的精神令身边的职工深深折服；他也是石北接触网工区的骄傲，是职工心目中真正的大英雄。

1980年2月，他被分配到岩会接触网工区任接触网工。工区建在一个大山沟内，除火车外几乎与外隔绝，没有电视、暖气和公路，只有光秃秃的大山和石头,每天除了工作和睡觉外只有目视大山。到工区后,杨英杰感觉工作环境与自己想象的太不一样,但最终坚持了下来。当时没有现在这么好的学习条件,大家都是初次接触电气化铁路,只能刻苦自学。刚参加工作的他,面对一张张布满密密麻麻符号的图纸和一个个不熟悉的设备,暗暗给自己定下目标:一定要搞懂吃透这些专业知识,一定要成为业务上的行家。因此,他下定决心克服一切困难,不断学习、不断进步、不断提高。同时,他还制订了学习计划——晚睡点,早起点,随身带笔多记点,见空插针多学点,遇到问题多想点,相互交流虚心点,不懂的东西多问点,争取每天进步点。就是这样,他一直坚持了38年,坚持了自己接触网工岗位的一生。

他不仅是坚持学习的典范,还是一台永动的"输氧机"。作为一名电气化铁路接触网工的先行者,他不仅时刻高标准践行岗位的职责标准,而且积极发挥自身优势,培养了一批又一批的优秀青年人才。为了便于工作和帮助他人,他的手机是365天24小时开机,无论什么时候也无论什么事情,只要职工有需要,随时都能够打通他的电话。在其担任工长期间,他的工区先后接收了240余名青年接触网工,经过他的培养和教育,向全段输送了190余名优秀接触网工。在对青年职工的培养教育上,他有着自己独特的工作思路——关心多一点、培养细一点、标准严一点、要求多一点。对于新接收的大学生或转岗青年职工,他的标准和要求都是一样的。首先与青年进行面对面真诚的沟通,了解青年的思想,从成长的角度认识青年对工作事业的考虑。然后结合自己的阅历和经验,为青年制订一个清晰明确的发展计划,避免了青年走错路、弯路。再就是着力提升青年的岗位素质和能力,在日常班组学习中,只要有新入职青年职工到位,他都会不厌其烦地单独针对青年讲授基础的业务知识,从零开始、从头传授,确保了每一名青年职工学习的质量和效果。在日常作业中,他不仅严把施工检修质量和程序,而且会特意安排新入职人员和自己一组。在作业过程中,不仅向他们传授检修作业的标准,还会把相关的设备参数、检修注意事项和验收标准一一进行讲解,使得来到工区的每一名青年的进步都是最快的。2012 年 9 月,工区分配到 6 名大学生,家都是东北地区的。为做好这 6 名大学生的培养和管理工作,帮助他们尽快适应工区的生活和工作,杨英杰坚持每天早中晚和他们谈心谈话,了解掌握他们的生活情况、思想变化、进步情况。当了解到一名大学生的父母离异,跟随母亲生活,而母亲常年患病,家庭生活困难时,他毅然决定每个月从个人工资中支出 2000 元帮助困难大学生。6 名大学生也从他真诚的帮助中感受到了工区大家庭的温暖,也更加树立了他在职工心中的无私形象。在对青年的职业思想教育上,他常说"一分耕耘一分收获,体现自身价值是不分岗位和工种的,只要努力就会有收获,就能体现自身价值"。正是这普普通通而又最难能可贵的思想,影响了一名又一名青年,使他们在工作学习中,能够脚踏实地地奉献在平凡的岗位上,践行不平凡的职业精神。

　　他不仅是青年职工的好老师,还是工区的一位好家长。在杨英杰担任工长和兼任党支部书记的 38 年里,他所在的工区和党支部先后获得过集团公司、段各类荣誉和表彰 30 余次。他的管理思路是这样的:一个好的班组就是一个大家庭,要想把大家团结到一起,首先要真心实意帮助大家解决实际困难,聆听他们的期望和呼声,积极做好职工的思想工作,时刻了解掌握每一名职工的困难,发动集体的力量去帮助需要帮助的每一名成员。在石北接触网工区,职工中有 3 名本科生、6 名维管人员、4 名大专生是来自东北、河南、山西的异地通勤职工。由于日常施工检修作业任务较重,倒班休息又人手紧张,有的异地职工一年只能回家一次。面对这一现状,杨英杰竭力考虑解决问题的方法。最后采取了因人而异的班次安排和换班时间,尽可能地为大家提供方便,赢得了大家的理解和支持,得到了大家的认可。在工区日常,他积极营造班组"家"文化。利用各类学习培训时机,阐述班组就是一个家的理念,在大家庭中每一名员工都是家庭的一分子,在工作中配合协调,将关爱文化融入班组管理,呈现出更多人文关怀。工区刚成立的时候,各项设施十分简陋,职工宿舍没有空调,在炎热的夏季非常影响职工休息。看着职工干了一晚上活,白天不能好好休息,他看在眼里急在心中,嘴上起满了泡,嗓子也哑了。为了能让职工休息好,并有一个良好的生活环境,他及时向上级领导反映情况,经过多方协调和努力,工区终于装上了空调等生活设施,工区生活有了很大的改善。职工因病住院,他必到医院看望慰问,并帮助申请困难补助。职工家里红白喜事,他也必到场进行慰问。在工余时间,他带领职工及家属一起参加郊游爬山活动,通过活动让家属了解他们的工作性质,征得家属对职工的支持。另外,还做到月月有活动,如组织乒乓球、毽球、做吊弦、导线接续、背规、臂力器、拉力器等比赛,让单身职工及外地人员不感到孤独。其间,工区还接受了铁路电视台及河北电视台专访。工区曾有一名青年职工,因为不善言谈,性格比较内向,多次相亲都没有找到合适伴侣。杨英杰了解到这个情况后,第一时间站出来帮助该职工改变性格,教会他与人沟通的技巧。杨英杰利用到其他单位交流工作的时机,多方打听,帮助该职工寻找另一半。最终,杨英杰帮助解决了这名青年职工的婚恋问题。

他不仅是业务技能方面的精英,还是创新工作领域的先行者。作为高级技师和集团公司首席技师,他在工作中积极探索、勇于实践,不仅严守岗位标准和设备检修工艺流程,还积极钻研工艺改良和设备革新工作。在38年的工作生涯中,杨英杰先后解决了数个生产技术难题。例如,在安全管理革新中,大胆实践安全管理新思路,印制管内各站和关键设备停电作业提示卡及追踪图,运用"人、机、料、法、环"5字预想法,保证了每次作业的安全闭环管理,为减少和避免事故故障发挥了重要作用;在工具改良中,结合回流线跳线位置和日常检修作业过程要求,制作了安装回流线跳线专用工具,大大提高了工作效率,减轻了工作量;在设备检修工艺中,针对锚柱内倾的问题,他仔细对比研究锚柱的多发问题,研发出了锚柱内倾处理方法和注意事项流程卡。面对日常繁重的工作,杨英杰不仅没有失去对工作创新的热情,反而更加增强了他改良工器具和优化工作方式方法的信心,因为他相信工器具越先进、工作方法越科学,工作负担就会越少。在 2015 年的设备秋检秋鉴工作中,由于工区需要配合工程局单位施工,一个原本 24 人的工区仅剩下 7 人进行作业。此时,他并没有因为人手不够发愁,反而一直克服困难,优化现场作业组织方案,在确保安全和符合规定的前提下,高效率组织设备秋检秋鉴,充

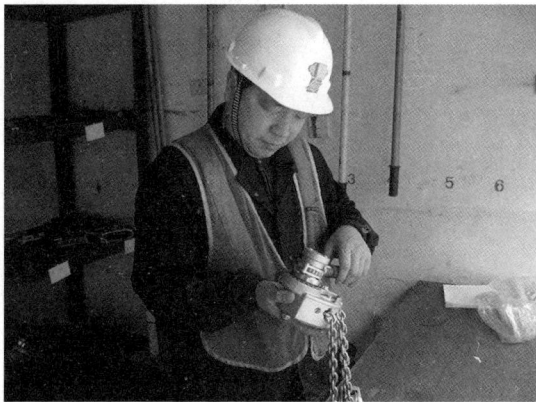

◎杨英杰讲解新手扳葫芦使用方法

分做到人力资源合理调配,大胆使用改良的工器具,顺利完成了各项工作,受到了车间和段部的一致好评。在日常工作中,他不仅注重设备检修作业按标准执行,同时致力于学术领域的钻研和探索。他撰写的技术论文,有 2 篇被《铁道劳动》转发刊登,5 篇在河北省铁道学会荣获优秀论文二、三等奖,6 篇被集团公司技师协会评为一、二等奖。他研制的便捷式水冲洗装置取得了段技术成果认证,参与研制的《水平主动轴单臂旋转隔离开关》获得了国家专利。作为工作环境复杂的京广枢纽工区工长,他一直以身作则、言传身教。2010 年他被中华全国铁路总工会授予火车头奖章、2013 年被授予全路技术能手。他发明

的安全工作方法被段及集团公司命名为英杰工作法,研制的创新攻关成果获段技术创新二、三等奖。2015 年荣获河北省劳动模范称号。而在 2013 年、2015 年路局劳动竞赛中,接触网工种前 5 名中工区占了 4 名,该 4 名职工因发现重大隐患受到路局表彰奖励。一路走来,无数的荣誉见证了他对铁路事业的无私奉献。

在他工作的 38 年里,参与了铁路 6 次提速,见证了铁路的发展及供电段的不断壮大,职工的生产生活环境也得到了极大的提升。一路走来,他个人也从一名青年经过供电段的培养、领导的关心,成长为现在的接触网高级技师和担任工长职务 30 年的老兵,他曾多次表示感谢供电段的培养,要把自己的毕生精力献给最爱的铁路供电事业。爱岗敬业是他一生时刻遵守的职业追求,他曾说,爱岗敬业就是要热爱岗位、敬重事业。铁路事业事关人民群众生命安全和国家财产安全,不容许出现任何闪失和差错,培育爱岗敬业的职业操守,是铁路人的基本要求。爱岗敬业就是要坚定信念,自觉地把个人利益融入集体利益当中,清晰合理地规划自己的职业生涯,发自内心地热爱岗位,敢于负责、甘于奉献,不管干什么工作都要有热情和激情。

以上是他作为供电段一名老兵的成长经历和亲身感受,也是他在 38 年工作当中的一些做法和取得的一点点成绩,这些成绩的取得离不开领导的关心和培养,离不开工友的支持,更离不开他自己的辛勤努力。各位朋友,这就是杨英杰。他不伟岸,但是他的敬业精神令人深深折服;他很平凡,但是他的工作业绩令人感叹不已;他没有动人的话语,但是他几十年如一日的默默奉献令人敬佩。如今石北接触网工区标准化的设备,是杨工长几十年辛勤付出的见证;无数次的故障抢修,是杨工长人生路上不平凡的篇幅;一列列火车安全正点地通过,是杨工长最大的欣慰和光荣! 杨英杰,是我心目中的大英雄,更是一名永远年轻的老兵!

让生命之火在万里铁道线上燃烧"更旺"

◎天津机务段　王同春

　　城市的夜晚灯火通明,而万里铁道线上却只有一束灯光,照的轨道亮得发白,让这黑夜显得越发深邃。在灯光的背后,一双明眸紧紧盯着线路前方,他就是那位登上过天安门城楼的火车司机——天津机务段全国劳动模范田更旺。

梦想之火

　　田更旺是山沟里走出来的农家子弟。小时候,他经常到铁道边上玩耍,每当看见一条条巨龙从身边飞驰而过,他都感到异常兴奋。那时,在他幼小的心灵里就滋生了长大后当一名火车司机的梦想。1972年,他考上石家庄铁路司机学校,儿时的梦想触手可及,全村的父老乡亲都为他高兴。当时那些世世代代耕作的农民,别说火车,就连汽车都坐得很少。离开家乡的那一天,他的父亲送了十几里地,临别时对他说:"更旺,咱家祖祖辈辈都是没见过啥世面的老实巴交的农民,但是咱家人都是种庄稼的好手,孩子,一定记住,别管干什么,要正直做人,凭本事吃饭!"这些话深深印在他的脑海里,在学校他争当品学兼优的好学生;工作后,他也将这句话作为自己毕生的职业追求。

1973 年,他背着简单的行囊到机务段报道,正式成为一名光荣的铁路工人。当时开的都是蒸汽机车,一个机班三个人,司机、副司机都是老师傅,田更旺是司炉(司炉就是烧火的),是小伙计。当时的蒸汽机车一趟要拉 3300 多吨货物,火车可是个吃煤的大家伙,一趟车跑下来,要往火床里投 10 多吨煤炭,合 3 万多锹。这 3 万多锹,是在晃动的机车上,在窄小的驾驶室里,凭司炉一脚踩炉门,一锹一锹用力投进火床。同时,还要掌握技巧,如果投煤技术不过关,不仅费力费煤,而且汽水供应不足,直接影响列车安全正点。所以,当司炉既要有体力,又要有绝招。当时跟他一起报到的几个城里来的同学没干几天就都累跑了。他虽然是农村来的青年,可也从没干过这么苦这么累的活。但父亲的嘱托时刻提醒着他:"要正直做人,凭本事吃饭"。不仅为人处事要正直,对待艰难困苦,也要做一个顶天立地的男子汉。在当司炉的两年里,他用坏了十几把铁锹,手上磨出了 10 多层血泡,手指头也磨成了长方形,靠着虚心向老师傅请教,掌握了许多技巧,在同一批入路的伙计里,经过严格考试,他第一批被提为副司机,兴奋得一夜没合眼。儿时梦想的火种已经在他心中悄悄点燃。

青春之火

迈进铁路的大门,他正值青春年少,风华正茂。从那一刻开始,他就暗下决心,要用自己的辛勤汗水和不懈努力,坚实走好人生的每一步,谱写好青春华章。在铁路开火车有个规矩,开客车有点儿,开货车没点儿。开货车,走到哪儿,调度让停,就得停,给客车让路,有时让十几分钟,有时让几个小时,有时快到终点,车站接不进去,等的时间更长。成为货车副司机的田更旺,对这些碎片时间动起了脑筋,一停车他就开始学习,他花了近千元自费购买了相关的专业书籍杂志,摞起来就有 1 米多高。年轻的田更旺怀揣着书本,有时间就学习,从蒸汽机车原理、动力学到机车钳工学了个遍。为了弥补自己知识储备的不足,他还自学了高中的大部分课程,读书笔记记了十几万字。几年时间,他就成了机务段有名的"书呆子"。工友们也总爱调侃他,一句"田老师"就把憨憨的田更旺憨个大红脸,可是手中的书他却一刻也没放下过。

开蒸汽机车,光有理论还不行,还要有绝招绝活。比如停车,蒸汽机车不像汽车,一踩闸就停车。蒸汽机车全凭手感,还要综合考虑线路情况、天气情况和当时的气表指数等。人家老师傅,技术好的,说停哪就停哪。技术不过硬的,一差差十几米,甚至冲出线路信号,造成事故。田更旺虚心向老师傅请教:"您这撂闸时间怎么掌握的?""您看我这操作,哪儿还不行啊?"他访遍了全段身怀绝技的所有老师傅,也掌握了一手绝活,多次在全段、分局、路局的技术比武中拿名次,成为段里名副其实的田老师。由于工作努力,1984 年 6 月,田更旺光荣地加入了中国共产党,他的青春之火燃烧得更旺了。

激情之火

人是要有点精神的。在工作岗位上,他时刻充满着工作激情,始终保持着旺盛的工作热情,保持着一种不服输、不甘人后的劲头,只要认准的事,不达目的决不罢休。随着铁路不断发展,科技不断进步,蒸汽机车都换成了内燃机车。虽然工作环境改善了,劳动强度减轻了,可是过去学的一身本领和绝招一夜之间都用不上了,一切又都得从零开始,他心中那团火差点被残酷的现实浇灭,那段日子田更旺像霜打的茄子似的,干啥都没精神。内燃机车好开,生人上去,两分钟就能开走,但内燃机车构造复杂,原理深奥。要弄懂原理,弄懂电路、油路、水路并不简单。田更旺想起了父亲的那句话,要凭本事吃饭,没有学不会的本事。所以,越是复杂的技术他学起来兴趣就越大,越是难啃的书本他学起来就越过瘾。

在他的带动下,全机车组的伙计们自发成立了学习小组,遇到难题大家一块讨论,甚至争得面红耳赤。他还利用休班的机会,带着伙计们到段上的教育基地对照机车模型,让老师拆开模型讲解工作原理。利用机车入库轮休的机会,虚心向专门负责修车的专家请教。每次机车入库,维修师们干多长时间,田更旺就在旁边帮着干多长时间,一天下来,比跑车还累。时间一长,家属挺有意见,说:"人家丈夫休班,都老实在家待着,你怎么老是往段里跑?"他看着为了家庭日夜操劳而消瘦的妻子,哽咽得说不出话。铁汉也有柔情,他拉起妻子的手动情地说:"等过了这段日子,我一定休假好好陪陪你,铁路科技发展太快,不学习,就要掉队啊。"妻子知道他的倔脾气,也知道他从小想当火车司机的梦想,也就渐渐理解了。经过多年的勤学苦练,他的技术业务进步很快,不仅成了东风 4 型 7155 机车司机长,也成了段里的技术状元。伙计们都叫他"问不倒"和"技术通"。

火车一开出去,有时百里有时千里,前不着村后不着店,有问题不像汽车,可以随便停,不行还可以进修理部,火车不能停,一停就算机故,停的时间长了就算事故了。遇到一切问题,全凭着司机的过硬本领,自己紧急处理。正当田更旺为在几年机车运行中排除 70 多起各种故障,保障了安全运输和祖国大动脉的畅通无阻感到兴奋时,他的机车组成为全段首批更换东风 8B 新型机车的班组。新的车型、新的挑战,一切又要从头再来,但他就是有一种不服输的劲头,而且还要起好带头作用。他看着这崭新的火车,既激动又兴奋。他自己买了电路图,给每个伙计复印一份,利用接车的机会,向厂方技术人员虚心请教。只要有时间,就和伙计对着线路图查线号,逐个了解机车各部件名称,掌握机车构造和作用原理,熟悉新型监控器操作方法。休班时,还主动跟别的车向其他同事学习。经过短暂的学习和摸索，全组的伙计迅速掌握了新型机车的特点，开起新型机车行驶在万里铁道线上。

希望之火

安全是铁路永恒的主题。在铁道线上开火车，安全尤其重要，是命根子。铁路上出的一切事故，都是没按规章办事造成的。因此，执行规章制度是安全生产的基础。在安全生产中，他按照"细分排查"的模式，发动全体伙计把开车时的所有环节，包括司机在车上的一举一动，都仔细排查一遍，共查出易发问题的环节174项，通过归纳总结，最后确定47项，并把这些制成曲线图和对策图，发给大家人手一册，让每个人背会记熟，按照对策图规范自己的一举一动，收到很好的效果。那个曾经让老师傅逗得脸红的田老师，现在也跟自己班组的伙计开起了玩笑，"开火车不算啥，能当其他火车司机的老师才是真本事啊"。

针对担当区段行车中的关键环节，他在机车组中制定了"三三"安全规则，班班做到出勤预想、途中联防、退勤总结；互相提醒、互相监督、互相包保；不超速、不臆测、不误认。为了有效落实"三三"安全规

◎工作中的田更旺

则，田更旺将班组人员重新调整，做到关键人一带一、关键时间一盯一、关键区段一保一，使作业过程得到全面控制，防止事故30多件。1998年7月的一个早晨，刚下过大雨，天气阴沉得厉害，能见度很低，田更旺和伙计开着火车接近天津西站附近一个道口时，由于严格执行了"三三"安全规则，及时发现前方道口情况异常，果断采取非常制动

措施。原来,早晨一场大雨把地道灌满了水,上班的人都拥到了道口,而无序的人群只管自己往前挤,不给对方留出路,结果人群在道口上挤成了死疙瘩,人们眼看着火车开过来,却躲不开,急得大哭大叫。车停下来一看,火车头离人群只有 3 米距离,幸亏及时发现果断制动,否则将造成群死群伤的大事故。

数十年如一日,田更旺带领全机车组伙计们,一板一眼按规章办事,一举一动按标准作业,创造了安全行车 31 年,带领机车组连续安全走行 650 万公里,相当于绕地球 165 圈的骄人业绩。他成为全段第一批完成安全开车百趟、千趟的司机,被评为北京铁路局安全生产标兵。1994 年被评为天津市劳动模范,1998 年获得全国五一劳动奖章,2002 年被评为天津市特等劳动模范,2004 年被评为全路十佳司机和全国劳动模范。干到老,学到老。田更旺把一生都奉献给了铁路运输事业,在他的影响下,更多的铁路机务人默默地将青春献给了黑夜,他们的青春之火在万里铁道线上燃烧得更旺!

百年薪火相传——张家口第一个党组织的建立

◎张家口车务段　史玉林

1909 年,首条中国人自主设计修建的京张铁路建成通车;2019 年,京张高铁领跑世界。1921 年,嘉兴南湖红船上中国共产党诞生;2021 年,在中华大地上全面建成了小康社会。百年京张和百年党史雄辩证明了,坚持党的领导、弘扬伟大建党精神,是我们铁路发展的根和魂,更是我们国家和民族兴旺发达的根本所在。

回望京张百年历史,20 世纪初,京张铁路人就靠着肩扛手挑、靠着流血牺牲、靠着为民族争光的精神,开辟出一条中国独立之路、自强之路、产业报国之路。也正是从那时起,一代代张车人,就与京张线血脉相连、荣辱与共,几代人在京张线上繁衍生息、薪火相传,早已与京张线成为一体。

1909 年,京张铁路的正式通车,推动了张家口的商贸流通、工业繁荣,工人阶级也随之壮大。1920 年,北京成立了共产主义小组,张家口的革命火种也从这时开始点燃。

1920 年,何孟雄、邓中夏、罗章龙、王仲一等人受北京共产主义小组和北京大学马克思主义学说研究会派遣,相继到张家口进行社会调查,在铁路工人中传播马克思列宁主义。1921年6月22日,张家口铁路机务、车务和车修厂工人1000多人举行罢工,极大地促进了张家口工人阶级的觉醒,为张家口党组织的创建奠定了基础。

1922年是值得每一位张家口铁路工人铭记的年份。1922年,何孟雄等人在张家口创办了第一所传播马列主义的工人夜校,张家口铁路工人掀起了一场学习马列主义的热潮。何孟雄、邓中夏、罗章龙等积极在京绥铁路工人中宣传马列主义,传播革命思想,张家口铁路工人的思想觉悟大大提高,以张家口为中心的京绥铁路工人运动也有了更大的发展,广大铁路工人勇敢地投身反帝反封建革命斗争,并在斗争中涌现出了一大批积极分子。五六月间,在桥东平安里铁路工人宿舍邢老头屋里,何孟雄组织张家口京绥铁路工人运动中涌现出的6名积极分子召开了党的第一次小组会,发展了第一批共产党员,张家口铁路车务段的李泽、李连生和周振生就在其中,会议正式宣布京绥铁路工人第一个党小组成立,李泽当选为党小组长。这是中国共产党在张家口的第一个基层组织,也是当时中国共产党在长城以北,察哈尔、绥远一带建立的最早的基层组织。10月,何孟雄、罗章龙等人组织发动了以张家口为中心的震撼全国的京绥铁路车务工人大罢工,60多个车站,1500多名车务工人为索取欠薪举行全线大罢工,迫使北洋政府与工人代表谈判,为工人争取了权益,这次大罢工锻炼和培养了一批优秀的工人运动骨干,并发表《京绥路罢工胜利宣言》,沉重打击了反动军阀的统治。从此,红色的旗帜、红色的血液、红色的思想、红色的革命开始在张垣大地蔓延开来。

京绥铁路工人党小组的成立,推动了张家口革命斗争的发展,一大批革命骨干迅速成长起来。半年多时间,张家口铁路的共产党员总数已有20多人,共分为车务、机务、机厂3个党小组。

1923年,察哈尔地区最早的基层组织——京绥铁路党支部在张家口正式成立。1925年5月,京绥全路西直门、张家口、大同等八大分会的代表在张家口车站附近铁路扶轮小学开会,正式成立了京绥铁路总工会。自此,中国共产党领导的京绥铁路工运工作蓬勃展开,红色种子在这方沃土生根发芽,信仰之光照亮张垣大地的每个角落。

张家口地区的铁路工人,面对战争与压迫,依然坚定地挺直脊梁,无所畏惧。面对蒋介石的"白色恐怖",张家口铁路工人用鲜血染红衣襟,不畏牺牲,同反动派进行着顽强不息的斗争。面对日军发动的全面侵华战争、张家口被日本关东军侵占、铁路车站率先沦为战场,沦陷区的铁路工人在党的领导下,冒着枪林弹雨,忠于职守,全力配合军队调动、物资供应及民众疏散,保证铁路运输畅通,机动灵活地与日军进行斗争周旋。面对因战争损坏的铁路设施,张家口铁路工人昼夜突击,冒着生命危险抢修桥梁9座,仅用4天时间就抢修完张家口至清华园之间的线路,为解放军及时开赴北平、天津前线作战提供了极大的帮助……

在张家口这方充满希望的红色土地上,铁路工人在学习、工作和战斗中,历经革命的淬炼,铸就了永不消逝的精神力量和家国情怀。这种精神力量,矗立在革命生涯中,支撑着他们夙

◎老张家口车站

兴夜寐、排除万难、忘我工作,以一腔丹心热血,为民族解放,为新中国的成立和建设作出突出贡献。新中国成立后,面对抗美援朝、保家卫国的重任,张家口车务段的11名职工积极响应党的号召,赴朝参加志愿军,大批张家口铁路工人主动认捐一线物资支援前线。面对新中国百废待兴的局面,铁路工人开展新建张家口站、改建沙城郭磊庄双线和运营丰沙大线等运输会战,各项运输指标大幅增长。

随着国家发展壮大的历史步伐,张家口铁路的建设发展也进入了

新的历史时期——从单线铁路,到电气化复线,再到现在的世界第一条智能高铁;从臂板信号机联锁,到6502继电联锁,再到现在的CTC系统;从硬纸板票,到软纸车票,再到现在的电子客票……改革开放40多年

◎停靠在新张家口站的动车

来,张家口铁路工人紧紧围绕在党中央的周围,始终秉承全心全意为人民服务的宗旨,凝心聚力地搞建设、促发展、保安全,推动铁路发展取得重大进步。

初心不改志不渝,百年薪火代相传。从京张铁路建成通车,中共党员何孟雄来张家口发展第一批党员,到京张高铁领跑全球,鲜艳的党旗在中华大地上迎风飘扬,我们看到了张家口老一代铁路无产阶级革命家前赴后继、英勇奋斗的光辉历程。这是在中国共产党领导的波澜壮阔征程中,张家口铁路工人听党话、跟党走的真实写照。

2022年北京冬奥会、冬残奥会举办,许许多多党员同志奋战在服务保障冬奥的一线。为了能给世界呈现出一个简约、安全、精彩的冬奥盛会,他们夜以继日、顽强拼搏,以坚定的决心、执着的干劲、务实的作风和饱满的热情,为冬奥会、冬残奥会的成功举办提供了坚实的壁垒。

作为新一代的张家口铁路工人,要学习革命先辈坚定的共产主义信念和炽热的爱国主义精神,自觉传承和发扬百年京张留给我们的光荣传统,始终牢记京张线"民族争气路""人字智慧路""工运先锋路""埋头苦干路"的历史,用火热的青春,为铁路发展建设不断添砖加瓦,争做有志有为的新时代青年,不负时代,不负韶华,红心向党,沿着先辈足迹,砥砺前行!

红心向党篆书缘

◎石家庄车辆段　王书谦

一位年近七旬的老人，耗时近两年，用中山篆字体把《共产党宣言》抄写了一遍，并装裱成 12 册，展开后长达 230 米。他就是河北省石家庄市的一位退休铁路职工——冯宝山。

2021 年的阳春三月，我慕名来到了位于石家庄裕华区的一个普通的居民生活小区。在一栋二层的二居室里，我见到了冯宝山。在这间不太宽裕但简洁干净的房间里，首先映入我眼帘的是，堆在床头上约有 1.5 米高的 12 个用红色带子系着的金黄色的箱子。

顾不上过多的寒暄，冯宝山就把我拉到箱子跟前。"这就是我向建党 100 周年捧出的一颗爱心！"打开箱子，冯宝山详细地向我进行了介绍，"这一共是 12 册，从两年前开始动手写作，先是把《共产党宣言》全文 14914 个字，一个字一个字地抄写出来，每个字、标点符号反复校对无误后，再在宣纸上用铅笔画好格，为便于阅读，左边写汉字原文，然后在右边用中山篆字体把《共产党宣言》逐字抄写下来。写好装裱后的中山篆《共产党宣言》重 215 斤，展开面积达 820 平方米，12 册连续展开长度 238.5 米。"

听完他的介绍,我十分感动。一位普普通通的铁路退休职工,能有如此境界和毅力,特别是在我们党迎来建党100周年的伟大时刻,真的令人敬佩,也让我深深感受到他对我们党和国家的情怀。

关于冯宝山的这个"鸿篇巨制",来之前我在网上也了解了一下。自《共产党宣言》问世并被翻译成多种语言文字出版传播以来,用中山篆这种古汉字书写出来,是一种绝无仅有的形式。

"我不是共产党员,但是我一直受到党的关怀,《共产党宣言》是共产党的初心也是共产党的使命,所以我想用最美的文字抄出这篇作品,来表达我对党的热爱。"冯宝山打开了他的话匣子。在与他的交谈中,我更加了解了中山国中山篆文字的来龙去脉。中山国是战国时期地处燕赵之间的一个诸侯国,中山篆是当时中山国的文字,于1974年在河北省平山县被考古工作者发现。同时发掘的中山王墓震惊世界,入选"中国20世纪100项考古大发现"。冯宝山指出,"中山国文化属于汉文化的一种,中山国文字是先秦所有字体中最美的一种,字体刚健劲挺,有力道,横竖像一把利剑,弧线就像绷紧的弓弦。"

"目前出土的中山篆共有2458个字,其中不重复的单字只有505个,用这些文字抄写《共产党宣言》是远远不够的。为此,我买来很多工具书,从中找出合适的古文字,再按照中山篆的风格,转换成中山篆的字形,我又请教了好几个朋友和专家帮助更正,这一项工作就做了一年半之久。"从冯宝山的回忆里,我深切感受到此项工作之难。

对于年龄较大的冯宝山来讲,抄写工作是一个体力活。因为抄写的时候必须全神贯注,写错一点整页纸就废了,所以冯宝山每天只能抄写200字左右。冯宝山说:"这部作品能够完成,非常感谢同事和朋友们的支持和帮助。特别是打印店、装裱店,那些朋友看到是献给建党100周年的礼物,价格非常优惠,甚至不收费。"关于这部作品的将来,他说,"如果有关部门需要收藏,我愿意无偿捐赠!"

退休后的冯宝山积极参与社会公益活动,结缘中山篆文字,让他找到了发挥余热的目标和方向。十几年前的一次偶然机会,冯宝山在帮助朋友整理资料时接触到了中山国古文化,并对中山篆文字产生了浓厚的兴趣,从此走上了研究中山篆字体的道路。他随后担任了河北省中山国文化研究会的

◎潜心研究古文字的铁路人冯宝山

常务理事。2017 年,河北省中山国文化研究会举办首届中山篆书法篆刻全国邀请展,冯宝山在了解到书法爱好者十分需要一部中山篆字帖的工具书后,在研究会领导的支持下编写了《如何书写中山篆》一书。该书除了具有一定的书法艺术价值,还具有很高的古文字研究价值。如今退休多年的冯宝山,在河北省书法领域小有名气,是一位潜心研究古老文字的老铁路人。

在纪念建党 90 周年时,冯宝山为了表达对党的热爱之情,经过两个月的不懈努力,他用簪花小楷书写了一幅 16000 多字、长 10 多米的《党章》书法长卷,在社区书画展上受到了广大居民的欢迎。当时的河北新闻网、《石家庄日报》等媒体对他进行了采访报道。

参观到冯宝山的书房时,看到书桌上放着的一本磨得发旧的《共产党宣言》和一摞摞厚厚的笔记本、《现代汉语大词典》、《中山篆字典》等工具书。我深深地感受到,一位普通的老铁路人用中山篆字体抄写《共产党宣言》的朴素举动,表达的是对党的热爱和向党捧出的一颗红心。

扎根基层　让人生在磨砺中闪光

◎北京西电务段　王朝晖

我是一名退休的铁路职工,回顾32年的工作经历,有很多话要说。这里就讲两则故事,与青年们分享,以期抛砖引玉。

1989年,我毕业于兰州交通大学,被分配到丰台电务段工作,从事与自己专业对口的铁道信号工作。经过一年的实习后,先后被安排在丰台信号集中楼、检修车间从事信号设备的维护工作。2004年,调到段职教科,负责职工技术培训工作。之后,站段合并,机构变动,我在北京西电务段车载科工作到退休。2021年,经段关工委推荐,党委批准,我成为段级"五老"队伍成员。

作为一名高级工程师,32年来,我见证并亲历了我国铁路的建设与发展。就信号设备来说,早年维护的设备主要有运用了几十年的6502继电联锁、25 Hz相敏轨道电路、8(18)显示自动闭塞、ZD6电动转辙机、ZYJ7电液转辙机、93(94)型机车信号、轨道车GYJ等设备。1997年4月铁路第一次大面积提速后,信号设备也有了很大的更新,同以上设备相对应的是DS6-K5B等计算机联锁、TDCS、CTC系统、ZPW-2000轨道电路及自动闭塞、S700K电动转辙机、JC一体化机车信号、轨道车 GYK 设备等。

铁道信号设备的快速更新,势必要求设备维护人员跟上时代变化的脚步。

故事一:不懈追求,方得始终

2004 年,管内自动闭塞设备升级改造为 ZPW-2000A,是由法国 UM71 改进后的国产化设备,这对我来说是一个全新的内容。当时,我们手里只有厂家提供的设备使用说明书。于是,北京铁路分局电务分处及职教分处,计划编写一本关于该设备的教材,以供干部职工日常学习,并将此任务交给了我段职教科,而科里就把任务交给了我。当时我是真着急了,我只接受过厂家的一两次培训,还不能全面掌握设备的工作原理及维修要领,要在两个月的时间里完成教材的编写工作,难度太大了,而且是第一次独立承担这项工作,心里实在是没底。这时,我又想,作为一名技术干部,若看不懂图纸资料、摸不准电务设备的原理构造、搞不清维修要领的来龙去脉,那将是一件十分尴尬和耻辱的事情,这项任务我必须完成。

人生能有几回搏,此时不搏待何时!

从此,不分白天黑夜,不分班上班下,为了弄清楚某一个设备或数据问题,我经常拿着技术资料,认真琢磨研究,不达目的决不罢休。我还利用工作时间去现场参加施工、去厂家咨询技术。此外,在办公室的墙上,我挂上了一幅设备教材资料图,按教材编制时间倒排,所有数据任务都具体细化到每一天,便于现场参加施工、去厂家咨询技术、问题沟通、技术攻关、数据分析把控等。那段时间,我基本上是白天在施工现场忙个不停,晚上快马加鞭进行技术分析和文稿编写。无数个夜晚,当家里老人、孩子都睡下时,我房间里的灯仍然还亮着。

在跌跌撞撞、加班加点的情况下,我终于在规定的两个月时间内完成了《ZPW-2000A 无绝缘移频自动闭塞原理与维护》教材的编写。该教材被印制成简易版本在北京铁路局推广使用。

通过 3 年教学使用，发现教材里面存在一些不足，例如一些板件的工作原理编写得不到位，以及缺少设备故障应急处理的方法等。此时，由于机构调整，我已到北京电务段职教科工作。该教材是否需要重新修订摆在我的面前。修还是不修呢？如果修订，会使教材更加完善，更能满足现场职工的需要，但要承担责任。不修订也不影响教材的继续使用，而且段上及路局也没有这方面的要求。在反复一段时间的思忖之后，我决定还是将教材进行修订，以更好地发挥它的作用。在当时教学任务繁重的情况下，为了搞清楚设备每一块板件的工作原理，我需要不断请教厂家技术人员，确认清楚后再用简单易懂的语言来表述，并用 CAD 画图进行说明；另外，进一步结合现场实际阐述了 ZPW-2000A 无绝缘移频自动闭塞的工作原理；同时，新增了故障处理章节。修订教材于 2007 年 5 月完稿并通过了专家的评审，同年在北京铁路局推广使用，并获得路局文字教材一等奖。

故事一告诉我们：做任何事情，难在坚持，贵在责任心。作为一名优秀职工，必须刻苦钻研技术、奉献实干，才能实现梦想，岗位成才。

故事二：尝试突破，勇于创新

2010 年 2 月，轨道车、接触网作业车、大型养路机械等运行控制设备的维修管理工作由各运用单位统一划拨给了电务部门。其中，GYK 设备的检修修程分为 I 级修、II 级修、III 级修。这个故事的主角就是 I 级修。路局在有关文件中规定：GYK 设备 I 级修是对 GYK 系统设备进行检查和维护，并应用测试、试验等手段，结合 GYK 运行记录数据的质量分析，实现预防修和状态修，检修周期为 3 个月。

2010 年至 2018 年，全局 5 个电务段一直严格执行 I 级修修程为 3

个月的规定,设备质量良好,没有发生因 GYK 设备检修质量不良而造成的事故。但是,随着全局管内轨道车数量的增加,GYK 设备也呈现出不断增加的状态,仅北京西电务段,就由初期的 99 套设备增加至 268 套,而且轨道车的作业范围,也不断延伸到路局范围内的每一个角落。这样就出现了一个问题:检修人员每 3 个月根据轨道车的作业处所,需要去现场进行 I 级修的检修工作,从而导致人追着车跑的状况。特别是局管内一些偏僻小站,火车无法到达,汽车也无路可走,这给去现场进行 I 级修工作,带来了一定的实际困难。

后来,因机构调整,我来到北京西电务段车载科工作。工作的变动,并没有影响我对 I 级修工作的探讨。

我经常思考这样一个问题:能否延长 I 级修的检修周期呢?这可是要突破铁总、北京局集团公司的规范及要求啊。作为一名普通的基层技术干部,我没有这个能力,可是出于责任心,我必须提出这个合理化建议。于是,我收集了 5 年来的维修资料以及日常的管理数据,于 2018 年向集团公司电务部提交了《关于试行延长 GYK 设备 I 级修周期的可行性研究报告》,提出将轨道车 GYK 设备 I 级修周期 3 个月,调整为 6 个月的整体建议。

在自己的不懈努力以及全路修程修制调整的大气候下,2019 年初,北京局集团公司及北京西电务段同意了我提出的合理化建议,对我段轨道车 GYK 设备 I 级修周期,由 3 个月调整为 6 个月。看到自己的建议能够及时应用到工作实际,心里别提多高兴了!为了巩固建议成果,确保安全运用,我还进一步采用管理手段来提高设备的稳定性。例如,加强 GYK 运行数据的分析,发现设备质量隐患及时处理;使用摄像手电对车下各部位进行检查、录像,重点加强车下设备的检修工作。

通过两年的试行,GYK 设备质量运用良好,未发生因延长检修周期而造成设备故障增多的现象。这充分证明了调整检修周期是一项科学合理、减能降耗的积极方案。

功夫不负有心人，创新突破有结果！

◎北京西电务段车载科高级工程师王朝晖（右）

2021年4月，北京局集团公司发布了关于GYK设备修程修制改革的指导意见，明确从2021年6月起，在北京局集团公司管内配属的轨道车GYK设备Ⅰ级修的检修周期由原3个月调整为6个月，数据下载分析同时调整为6个月。

故事二告诉我们：工作需要创新，创新才能发展。习近平总书记曾说："创新是一个民族进步的灵魂，是一个国家兴旺发达的不竭动力，也是中华民族最深沉的民族禀赋……惟创新者进，惟创新者强，惟创新者胜。"

在几十年的工作中，我始终能够追随初心、勇往直前，不断历练成长，实现了个人价值。同时，利用自己的工作经验，积极帮助青年职工迅速成长，在"三新"（新入职、新改职、新转岗）青年培训、各类考试、各类工种青年技能竞赛活动，以及其他临时性青年教育培训工作中，我都能很好地完成领导交办的各项工作任务，尽己所能，培养青年岗位成才。

习近平总书记在庆祝中国共产党成立 100 周年大会上深情寄语新时代的中国青年："新时代的中国青年要以实现中华民族伟大复兴为己任，增强做中国人的志气、骨气、底气。"中国梦是历史的、现实的，也是未来的，是我们这一代的，更是青年一代的。不管是站段还是国家，想要实现更好的发展，培养各类人才十分重要。我们老一辈有责任利用自身的技术和经验优势，不断发挥好传帮带作用，帮助青年一代迅速成长。

走进工区　回望历史

◎丰台工务段　杨国华

　　铁路在国家经济社会发展中有着举足轻重的地位和作用,作为国家经济大动脉和大众化交通工具,伴随着改革开放,实现了飞速发展,取得了辉煌成就。作为参加铁路工作近35年的退休职工,亲历了铁路大提速、大建设、大发展和进入高铁时代的辉煌,我倍感欣慰和自豪。回忆自己刚参加铁路工作、走进养路工区(现称线路工区)的情景,再看看如今养路工区的变化,更是感慨万千。

　　记得自己当年走进养路工区时,光秃秃的院子里有几间旧房,宿舍里墙壁黑乎乎的,那是冬季取暖点煤炉熏的。我所在的是有站工区,条件算是好的,宿舍里放着四张用旧木枕自制的木床,上面铺的是稻草垫,晚上睡觉一翻身唰唰响。工区食堂的四壁也是黑乎乎的,做饭用的是烧煤或烧旧枕木的大锅灶,通常是烧煤一屋烟,烧旧枕木黑色"雪片"满天飞。当时称炊事员为伙夫真不为过。做完一顿饭,炊事员就成了"熊猫脸"。职工的业余文化生活由于受物质条件限制,也比较匮乏。晚上聊天侃大山,甩两把扑克算是自娱自乐,条件好的工区能有一台12寸黑白电视,就算是奢侈了。那个时候,职工的收入不高,生活条件比较艰苦,洗衣靠手、唱歌靠吼、夏天降温靠蒲扇、洗澡用盆冲是当时的真实写照。

改革开放以后,特别是"建设标准线""六小""安全文化线""和谐家园"等建设投入,铁路职工的工作生活条件、环境得到了巨大改观。据不完全统计,20多年来,在路局(分局)的大力支持下,段投入资金上亿元,用于改善工区生产、生活环境和条件,使昔日养路工区的环境面貌发生了翻天覆地的变化,大大改善了职工的物质生活和精神生活。

现在走进工务段的养路工区,说工区像花园、职工宿舍像宾馆、食堂像饭店也不为过。以前简陋的养路工区,现在处处透出现代化气息。走进职工宿舍,洁白的墙壁,崭新的更衣柜、床头柜,整齐的单人床,有的职工还睡上了席梦思,床上是段统一配发的三件套,整洁美观;地面铺瓷砖,门窗是塑钢,宿舍里那是窗明几净;2至3人一间的宿舍,夏天电扇、空调,冬天暖气,再也不用担心煤气中毒。再走进职工食堂,墙面、地面铺瓷砖,铝扣板吊顶,整齐美观的整体厨具、煤气灶、抽油烟机、冰箱、冰柜、电饭锅、微波炉、电饼铛等应有尽有,几乎与现代家庭厨房媲美。今天的炊事员不再像过去的伙夫,一身白大褂,拥有娴熟的烹饪技能,还会根据职工生活水平的提高和口味的要求,满足职工用餐卫生和色香味等的需求。有的炊事员还会从养路工劳动强度、作业条件的实际出发,为职工进行营养配餐,使职工合理膳食。职工的洗浴设施也在不断改进,由过去冬天烧锅炉顶水、夏天用自制简陋的水箱晒水,陆续改装为科技含量较高、节能环保的太阳能沐浴器或电热沐浴器。工区浴室内用瓷砖装修得四白落地,职工下班走进浴室,洗个热水澡,也是个享受。就连工区的厕所,也由过去的旱厕蹲坑,变成了装修美观、干净卫生、水冲式的卫生间……

职工生产生活条件改善的同时,业余文化生活也在发生着深刻的变化。养路工区电视机由黑白变彩色,由小换大,并陆续配备了组合音响;设立了工区的文化室,配备了图书;大部分工区建立了健身房;有的工区还修建了文化长廊,进一步营造工区的文化氛围。现在职工的业余生活,不再像过去枯燥单一的侃大山、甩扑克,而是充分享受着现代化的文化娱乐和健身设施,做做健身、唱唱歌、打打球、读读书报、看看电视……随着互联网的普及,职工拿起手机看看《手机报》、学习应知应会知识,上网看看新闻、游览百科知识……职工的业余文化生活不仅丰富多彩,而且正在向知识型、趣味性、健康型和多元化发展。

◎丰台工务段杨国华为新职大学生讲课

改革开放的 40 多年,犹如春风吹遍铁路各个角落,我只是在一个小小的视角,观察大改革、大发展、大变化的新局面,我深深感慨。改革开放给每一名铁路职工都带来了不小的变化,带来了心情的愉悦和生活质量的提高。诚然,铁路改革还在向纵深发展,我们铁路职工的生产生活也不能只满足于现状。随着铁路改革的深化和发展,特别是在以习近平同志为核心的党中央坚强领导下,借助交通强国的大好机遇,铁路的科学发展、安全发展、和谐发展定会给养路工区带来更新、更大的变化,我们的明天会更好。

我的 10 年养路工作

　　时光荏苒,岁月如梭,40 年弹指一挥间。1981 年 8 月,我从天津铁路工程学校铁道工程专业毕业,被分配到天津工务段天一领工区工作,于 2021 年 8 月退休,工作整整 40 年。其中,1981 年至 1991 年担任养路工职务。

　　当年的天一领工区地处天津站,由四个设备工区和一个大修工队组成,职工近百人。管辖京山正线 137.5 公里至 142 公里,以及天津客站、天津站上下行编组场,东西两个货场、机务段、客车库等线岔设备。特点是道岔多、小半径曲线多、钢轨类型多,钢轨出厂年代可追溯到 1892 年。除津山正线部分线路外,全部是木枕线路,尤其是我所在的工区,半径 400 米以下曲线上有道岔十几组,是当时天津工务段设备最复杂、最陈旧、安全系数最低的领工区。

　　我是 1981 年 8 月 6 日上午到段报到的,正赶上领工员到段开会,他顺便把我带到了工区,叮嘱几句后,就把我交到了工长手中。进入工区,映入眼帘的是一排大概始建于 20 世纪 50 年代的平房,坐南朝北,对面是食堂、澡堂、工具材料房。房屋外墙以及门窗都有些破旧,

167

院内铺的是红砖,有些高低不平,院的北面一道小门通向线路。进入宿舍,水泥地面有些潮湿,墙面因碱蚀不少地方脱皮掉渣,铁架子和枕木板子搭建的 3 张单人床下有职工的脸盆、鞋子和杂物,还有一张破旧的桌子和两把凳子,室内夹杂着潮气和男人的汗味。这就是我今后工作和生活的地方。虽然环境不够理想,但想着今后可以自食其力了,还可以挣钱养家,心里还是很愉快的。

工长是一位年过 50 岁的老职工,虽然瘦小单薄,但人很精神,听口音一问还是老乡。他不是很能说,但从言谈话语中感到,他是个忠厚善良的人,在接下来的工作中也得到了很好的印证。寒暄过后,必要的教育和叮嘱是不能省略的。我归纳了一下他讲的——养路工作是露天作业,风吹日晒,都是体力活,是铁路最辛苦的工种,一定要有吃苦受累的思想准备;工区处在天津站西喉,出门就是铁道,都是小半径曲线,列车又多,一定要注意安全;现场的活是与钢轨、枕木、石砟打交道,这些都是铁路运输的基础,线路的几何尺寸精确到毫米,工作要高标准严要求,来不得半点马虎和应付;作为一个新职工,要和大伙搞好团结,尊敬老师傅,努力学习技术业务,没事的时候学学做做内业管理,做到干一行、爱一行、精一行。对此,我暗下决心,绝不辜负老工长的嘱托,努力干好养路工作,为铁路运输作贡献。

从此,我开启了为期 10 年的养路工作。说真的,上中专的时候我就知道养路工是干什么的,是有吃苦受累的思想准备的,但真干起来还是感觉有些吃不消。工务段有一个不成文的规矩,就是新入职人员先练扒镐窝、打洋镐,一练就得两三个月,练好扒镐窝、打洋镐才能干技术活。入职初期,我几乎天天都在扒镐窝、打洋镐,一天下来腰酸背痛,没两天手就磨出了泡。遇上换钢轨、换岔件的活,还需要手搬肩扛。若和身强力壮的职工"一副架"抬钢轨,走路就直晃荡。那时的我身高不到 1 米 7,体重也就 100 斤,瘦小枯干,身单力薄。但看到身边同事们不怕辛苦争先恐后的干劲，尤其是还有年龄比我小、身体不如我的职工也跟大伙比着干，就连老工长也和我们摽着膀子一起干，我真的被他们深深地感染了，我咬牙坚持着，从不叫苦叫累。进入冬季，捣固的活少了，改道的活多了。记得入职第一年冬天的一天，我们在站场进行改道作业，起道钉、插木橛、掐道尺、补道钉，实行流水作业。刚开始大伙还穿着棉衣干，随着起补道钉速度加快，大伙的头上开始冒汗了，但是没有一人放慢速度喘口气，而是你追我赶，大伙逐渐脱了棉衣、绒衣，有的只穿着背心，仍然汗流浃背，这一幕又一次深深教育和打动了我。半年下来，我的脸晒黑了，手上磨出了老茧，肩膀有了力量，腿上也有劲了，现场的活基本上都拿得起来了，干好养路工作的决心更加坚定了。

干好养路工作光凭一把子力气是远远不够的，还必须有过硬的技术业务能力，否则就不是一名合格的养路工。大站有大站的特点，那就是设备类型多、设备病害多、"疑难杂症"多、大修改造多。比如，线路高起道、曲线拨道、附带曲线整正、设备大修改造、各类施工作业组织、工区标准化管理等。做好这些工作，都需要职工有过硬的技术业务素质来支撑。入职初期，为解决自己现场技术业务能力低的问题，我虚心好学、不耻下问，遇到不懂的、不会的、拿不准的，主动向师傅们请教，对于"疑难杂症"大伙还在一起研究探讨。很快，我的现场业务能力就适应了工作需要。另外，我担任班长以后，领工区还专门为我指派了一名德高望重、技术业务精湛的老师傅，手把手地传帮带，一带就是 1 年多，并把我送上了工长岗位。入职不到 3 年，从线路扒捣平、起拨改，到清筛换枕、换件大修；从工作量调查、病害分析研判，到整治方案制定；从日计划、月计划，到年计划的编制实施……我从一个工作零经验的学生，一步一步成长为现场作业和班组管理的参与者、策划者、组织者。

◎养路工马玉明在工作现场

我深知，作为一名工长，确保工区安全是第一职责。过去检查设备是不需要设置专职防护和专人记录的。每月的例行设备检查都是我自己检查、自己看车、自己记录，确保自身安全靠的是时刻保持头脑清醒和高度警觉，靠的是随时观察调车信号和道岔开向，及时下道避车，几年的设备检查未发生一次险情。在确保设备安全上，我科学安排三修比例，及时发现和解决设备隐患问题，不断提高设备质量，工区未发生一起责任设备故障。在确保作业安全上，自己做到班前预想多想一些，布置工作多说一些，关键是现场敢于大胆管控，及时发现和制止违章违纪问题，并在班后对规时认真分析，对标考核，引导职工吸取教训、引以为戒，不断提升职工的安全意识，工区作业安全保持了长期稳定。

作为工长，我还时时处处严格要求自己，发挥好示范引领作用。任职工长 6 年，我几乎天天长在现场，不是检查设备，就是参与作业。坚持恶劣天气与职工在一起，脏活累活与职工在一起，危险作业与职工在一起。记得那些年夏季维修清筛换枕，气温有时达到 35 摄氏度以上，高温高湿，闷热难耐，别说干活，就是在阴凉的地方也直冒汗，扛着工具走到现场就湿透了。我安排班长带班，并主动到现场，与职工分一样的工作量，干一样的活，一样的工作标准。热了大家用衣襟擦一擦汗水，渴了喝一口水桶里的凉水，但是我们的职工没有一个人有怨言，没有一个偷懒耍滑，都能保质保量地完成工作任务。

1992 年，我转为干部岗位。从入路到此，正好 10 年。10 年养路工作，为我今后的发展进步打下坚实的基础，我总是拍着胸脯自豪地说，工务现场的活我内行。

在党 50 年

◎石家庄南站　曹景雍

当"光荣在党 50 年"纪念章佩戴在胸前,我仿佛一下子年轻了许多。这既是鼓舞、荣誉,又是责任、担当,更是鞭策、勉励。对于一名有 50 多年党龄的共产党员来说,今后应该怎样做? 党组织给我们提出了更高的标准、更高的要求。人虽然已经退休,但组织还在党,我还是一名中共党员。

1971 年 4 月 10 日,我正式加入中国共产党。审批前,营党委委员、副教导员找我谈话:"今年是建党 50 周年,愿你入党后,永葆党的青春 50 周年,那时就建党 100 周年了。"我差点笑了,心想:"我能入党 50 周年?"怎么也没有想到,光阴似箭,日夜如梭,转眼间,2021 年竟然实现了。在庆祝建党 100 周年之际,不由勾起我很多回忆。

1980 年,我从野战军调到了丰润县武装部任副营职干事,面对的不再是军人而是民兵。8 月挂锄,一年一度的民兵训练开始。那时候,韩城公社的民兵要到津唐运河东头靶档打靶。因我是外行的炮兵出身,坚持按土木教程把投掷工事好好地维修了一遍,有力避免了一场事故。那是一个女民兵,轮到她投掷,我拧开手榴弹盖,抠破防潮纸,倒出拉火环,套在她的手指上,小声嘱咐:"不要慌,不要紧张,按照要领就行。"接着就下达命令,"正前方,30 米处,手榴弹——投掷。"这个女民兵不知是不是过于紧张,大臂往后一抡,就把手榴弹扔到了掩体上,滴溜溜地转,她撒腿就跑,十分危险。就在这时,我大喝一声:"卧倒!"并扑向那个女民兵压倒在身下。只听轰的一声巨响,手榴弹爆炸了,弹片打的树枝哗哗响,土埋了我们一身。万幸的是,我们趴在了壕沟死角里,没有受伤。其他民兵也都躲在掩体后面,没有任何人受伤。

由于我在哪都是干一行,爱一行,干一行,干好一行,因此 1982 年,我出席了河北省军区精神文明建设先进代表大会。

1983 年,进入原北京军区陆军学校文化班学习后,我被任命为河北省军区教导大队正营职文化教员。在教学中,我尽职尽责,努力教好每一名学员,课后给基础较差的学员进行补习,深受学员的欢迎与赞许,出色地完成了教学任务。

1987 年 2 月,我转业到石家庄火车站,任教育室副主任、路风办主任。担任路风办主任后,我充分发挥在部队锻炼的政治工作优势,利用一切可以利用的时间,深入各个车间,参加点名会、班后会、车间大会,大力开展思想教育、青年职工教育。我通过引经据典,入情入理地讲,反复地讲,深入地讲,深受广大职工欢迎。金杯银杯不如职工口杯。至今有些老职工遇到我,谈起当年讲课,仍是津津乐道,"就愿意听曹主任讲课"。

此外,在党政工团的领导下,大力培养树立客货运先进典型,我先后撰写了客运雷锋式的服务员赵丽萍,以《笑迎八方客,温暖千万家》的题目,发表在《人民铁道》报上;记河北省劳动模范、石家庄站南货场集装箱货运计划员王淑萍,以《较量》为题目,收录在《河北省企业文联——五月的鲜花》报告文学集中;记石家庄站退管办主任李继荣,以

《俯首甘为孺子牛》为题目,收录在石家庄铁路分局组织部合编的《共产党员风采录》中。

结合工作,我还先后撰写了《浪子回头金不换》《在教育上下功夫》《打好"预防针",当好"保健站"》《既要消防惩已然,又要预防禁未然》《美在形象观摩,活在有声有色——石家庄"塑形"活动不玩虚的》《加强思想教育,提高队伍素质》《抓安全要时时有危机感》《抓安全,要抓结合部》《一人谈件玄乎事,披露隐情促自保》《石家庄站综合治理"十制"法》《一瓶冰镇特效药》等文章,分别发表在《冀中铁道报》《北京铁道报》《石家庄日报》《燕赵晚报》等报刊上,以此不断提高石家庄站的知名度。

转业到石家庄站后,我还一直兼任机关党支部书记。十七八年间,我为支部建设、党员发展、宣传教育,做了大量的工作,多次被站评为优秀共产党员。

同时,我还在《长城》《当代人》《诗选刊》,以及铁路、省市报刊上发表了很多小说、散文、诗词,并被河北省作家协会吸收为会员,曾出版过散文集《岁语心河》。

2007年退休后,我时刻关心着铁路的发展,关心着铁路青年

◎石家庄南站曹景雍光荣在党50年

的成长。人退心不退,人退笔不休。我依旧坚持调查写作,弘扬主旋律,歌颂正能量,提升精气神,多次被石家庄铁路办事处、北京铁路局离退办评为优秀信息员、优秀退休职工。

我与石家庄铁路办事处一些爱好古诗词的退休老领导、老同志一

起,先后出版了《老友诗稿》《老友诗稿续集》《旧雨闲吟》等诗集。我也参加了墨砚书社,经常习作书法,弘扬传统,崇尚国学,为社会主义文化建设尽绵薄之力。2021 年,中国共产党建党 100 周年,作为一名普通的共产党员,更应该将此作为加油站、促进站、鞭策站,不忘初心、牢记使命,永葆党的青春活力,为迎接党的二十大召开作出自己应有的贡献,以实际行动迎接党的二十大胜利召开。

为了初心努力前行

◎唐山机务段　　葛百申

1988 年是我一生中最难忘的一年。那一年正好赶上铁路招工,我通过考试很幸运地成为唐山机务段乘务员大家庭中的一员,这对于我一个生长在农村的青年来说是天大的喜事。所以,从那天起,我就暗下决心,一定要珍惜这来之不易的机会,要为铁路安全运输生产用心跑好每一趟车。

然而,说起来容易做起来难。我一入路就被分配到唐山机务段丰润运用车间,担当京哈、津山两条干线的货物运输任务。由于货车牵引交路出勤时间不固定、车次不固定、牵引的列车编组不固定,加之繁忙的京哈线、津山线客车密集,线上运行情况复杂,值乘中瞬间的麻痹大意,都有可能发生意想不到的问题。因此,初上车后,师傅刘忠全给我上的第一课就是安全,他严肃地告诫我:"行车安全不是比冲刺的'短跑',而是比耐力的'马拉松',一定要把每一趟车,都当作一个新的起点,做到慎终如始,才能确保行车安全。"师傅的谆谆教导始终萦绕在我的耳边。在我从事乘务员工作的 30 多年中,无论是机车换型,还是交路调整,我都始终坚守着"干好工作,确保安全"的初心,做到安全上细心、操纵上精心、故障处理上用心。随时熟记线路、站场设备；出勤时一字不漏地认真审核行车达示，一点不差地正确使用列车监控记录器，认真输入各种数据，正确使用各种功能键；检车时坚持多敲一锤，多看一眼，多听一声；操纵中做到静态多动，动态少动，严格按照规章制度要求行车。

要确保列车的运行安全，除了具备高度的责任心外，同样也离不开过硬的技术业务素质。从蒸汽机车到内燃机车，再从内燃机车到电力机车，我先后使用过 11 种机型，我像熟悉自己的朋友一样，了解每种型号机车的"脾气秉性"。2012 年，我段大面积更换 HXD2B 型机车。当时已经第 6 次经历机车换型的我意识到自己岁数已经偏大，接受新事物的能力远不如年轻人，"但不管怎样也不能落下"的信念促使我在每一次业务培训后，都会结合自己学习、行车中遇到的问题，虚心向职教科老师以及厂家技术人员请教，不弄清楚不撒手、不整明白不罢休、不搞精通不放松。凭着刻苦学习和钻研韧劲，我不仅学懂弄通了 HXD2B 型机车的相关原理知识，还针对 HXD2B 机车设计特点，结合担当区段的线路纵断面，摸索出 CCB-Ⅱ 制动机"轻摞重缓"操纵法。同时，针对机车的常见故障，我总结的 5 种常用机车应急故障处理诀窍，在乘务员中得到广泛推广，赢得了干部职工的好评。

2019 年春运，我接到了使用 SS9 型机车担当临客任务的通知。由于是第一次使用 SS9 型机车担当临客，为了能在短时间内迅速掌握 SS9 机车构造、操纵方法及应急故障处理，我除了跑车、休息以外，几乎将全部时间都用于理论学习和上车实做上，并结合实际从简单、实用的角度整理出了 SS9 型机车故障快速处理 12 招。2 月 19 日，我使用 SS9 型机车担当 T3017 次列车值乘任务。当列车运行至狼窝铺站间突发劈相机不工作，机车仪表盘出现红色故障报警。由于狼窝铺进站前是长大上坡道，列车速度下降较快，且狼窝铺站前和站后均有分相，如果速度无法满足列车闯分相的要求,就会形成行车事故。当时情况万分危急,面对这突如其来的机车故障,我通过故障现象冷静判断分析,按照自己整理出来的快速处理方法,检查了相关脱扣和电器状态,将242QS打到2PX位,利用劈相机2启动维持运行,短短的几十秒就处理好了故障,确保了旅客列车的安全正点。

近几年,随着铁路建设事业的快速发展,我段招收了许多大学生。为了帮助这些青年职工尽快成长成才,我在做好本职工作的同时,把许多精力放在了对青年职工的传帮带上。这些年,我带过的徒弟有50多人,他们有的成为火车司机,有的已经走上领导岗位,但给我印象最深的是2013年入路的大

◎葛百申认真检查设备情况

专生温浩。温浩家住秦皇岛,是一个性格比较内向、不善言谈的小伙子,到段后就一直跟着我学习。我现在仍记得,在我们俩的第一趟车出勤小组会上,我就跟他说:"小温,你以后跑车要做到'三勤'啊。""老师,什么是'三勤'?"温浩疑惑地问道。我跟他进行了解释:"日常对新的知识要勤加学习,不懂得要勤问及时解决,对于老的知识要勤于复习,做到温故而知新。"经过一段时间的观察,我发现他踏实好学,是可塑之才。于是,我就鼓励他积极参加段里组织的技术比武,但他总是担心自己不行,不愿意报名参加。

2014年3月的一天,我们跑车退勤回来到车间学习,得知段里由

关工委和团委牵头组织开展青年职工技术比武,很多和温浩一批的大专生都踊跃报了名。我对温浩说道:"你也报名看看自己的学习成果。"温浩却心里没底,一直在嘀咕:"我行吗?"在我的一再鼓励下,他才勉强报了名。为了让他在比武中取得好成绩,根据他的实际情况,我为他量体裁衣制订了比武备战计划,每趟车回来都要给他留作业,每趟出乘中都利用站停的时机抽考,手把手地教他实作技能。经过近两个月的积极备战,温浩获得了全段第三名的好成绩。在上台领取证书后,他没有说话,而是紧紧抱着我流下了激动的眼泪,和我说道:"谢谢老师,谢谢老师给我的勇气和信心。"我看着努力的徒弟,内心非常高兴,自己的帮教在温浩身上见了成效。之后,温浩就像变了一个人似的,积极参加集团公司、段的技术比武。付出总会有收获,在2016年集团公司组织的技术比武中,温浩获得了电力机车司机组第一名的好成绩,并光荣加入了中国共产党,如今已经成长为丰润运用车间预备指导司机。对于一名老师、一名老同志来说,亲眼见证徒弟们的进步成长是最快乐的事。这既是一种传承,更是一种责任。

侯马祥是2017年新入路大学生,也是我50多个徒弟中的一个。2018年12月19日17点多,天刚刚擦黑,我们牵引27401次货物列车以67公里/时的速度运行在双望至曹东庄站之间。在执行瞭望呼唤确认制度时,突然发现一位村民从线路左侧抢越,由于发现及时,在果断采取非常停车措施后,列车停在距村民20米左右的位置。虽然早有准备,但侯马祥还是被这突如其来的险情,惊出了一身冷汗。小侯看着我,颤颤巍巍地说道:"师傅,咱们差一点就撞到他了。"我望着惊魂未定的小侯,对他说:"这下知道我为什么让你在这个区段加强瞭望了吧?安全责任大如天,每一条规章的背后都是一件件血淋淋的事故。"对于执行制度,我从来不敢懈怠。每一次事故的防止,都会更加坚定我认真执行标准化作业、确保行车安全的决心。从这以后,侯马祥对于安全产生了敬畏感,严格落实各项规章制度,俨然成了执行标准小标兵。凭借着多年的历练,我自己总结出了"勤问、细干、足睡"的六字安全行车法。该行车法不久就被铁路总公司命名为党内优秀品牌,我本人也实现了连续安全行车3980多趟的好成绩,创下了全段百趟赛的最高纪录,累计防止事故270多件。

车轮滚滚写春秋,钢轨绵绵连日月。30多年来,我在平凡的机车乘务员岗位上,为铁路运输多拉快跑,做了自己应该做的工作,也先后获得了铁道部火车头奖章、北京铁路局"毛泽东号"司机、国铁集团优秀共产党员、北京局集团公司优秀共产党员等荣誉。现在,虽然我已经从工作岗位上退了下来,但做好对青年职工的传帮带,依然任重而道远。我决心在关工委的领导下,为关心下一代工作继续发挥爱心和余热,用自己的成长经历,教育广大青年职工,坚守确保铁路安全运输生产的初心,奋勇担当起交通强国的历史使命,影响带动更多的青年职工认真落实作业标准,一起在推动北京局集团公司创新发展的新征程中努力奔跑,作出新的更大的贡献。

停不下来的"女汉子"

◎石家庄车辆段　江　悦

2021年7月5日,石家庄车辆段修车车间制动室的氛围和往常相比格外凝重,因为大家都知道,这是何彦丽在岗的最后一天。这天,何彦丽一早就去办公室办好了退休手续,回到岗位上继续专心擦拭配件、组装配件。"要和干了一辈子的工作说再见了,还真是舍不得呢。"何彦丽语气轻松,却难掩失落,"不管怎样,我都要站好最后一班岗。"

1987年,16岁的何彦丽从保定清苑的一个小山村里走出来,接父亲的班进入铁路工作。当时,铁路每月只有几十元的微薄收入,懂事的她舍不得花这些钱,工资一到手就赶紧把钱拿回家补贴家用,供妹妹上学,帮父母承担起了养家的重任。"妹妹还小,我已经长大了,我可以照顾妹妹。"这就是何彦丽当时的想法,简朴又单纯,"我要尽我所能替父母分担一些,他们就可以轻松一点。"

"别紧张,放轻松!相信你自己!"刚工作时师傅对她的鼓励至今还记忆犹新。何彦丽刚上班就被分到修车车间开天车。她想起自己第一次上天车时的场景:"刚学开天车时,觉得天车很高,我害怕,不敢上去。当时,我不敢睁眼,两腿发软,师傅连拖带拽,最后我手脚并用才爬了上去。"站在操作室里,何彦丽看着一条条轮对在师傅的操纵下平稳地移动,产生钦佩的同时也暗下决心,她咬牙告诉自己,别人能开她也能开,她也能成为像师傅那样的高手司机。于是,她用心地向师傅请教操作手法,下班后趁没人一遍又一遍地练习,从第一次触碰手柄无比紧张到一整套行云流水的操作,被吊起的轮对从摇晃不停到平稳移动,这个过程是她用心学习总结和加班加点练习换来的成果。"只要功夫深,铁杵磨成针"这句话在何彦丽的身上得到了最完美的诠释。就这样,何彦丽成为石家庄车辆段第一个女天车司机,而这一开就是 14 年。其间,她从未发生过任何事故、险情,被同事们开玩笑地称为最美最稳"空姐"。

2008 年,何彦丽被调到了制动室工作,负责制动阀的分解、检修、组装、试验、检测等工作。身为最美最稳"空姐"的她对制动阀是个名副其实的"门外汉",何彦丽翻来覆去地看这个由百余个零件组成的铁疙瘩,不禁犯了愁。

"你这样不对,会磕坏阀盖和阀内配件。配件要轻拿轻放,不能随手一扔!"师傅批评了何彦丽错误的分解方式,并详细讲了这样暴力分解的严重性和危险性。工作十几年的何彦丽感到十分自责,开始注意把动作变轻,缓慢放置配件,这也激发起她不服输的韧劲。

制动阀的外部螺母需要用风扳机卸下,风扳机虽然个头不大,但重量不小,一整天近千次的拆卸动作男人都会觉得疲惫,身材娇小的何彦丽成了第一个坚持下来的女职工。除此之外,制动阀内的橡胶密封圈需要用锋利的细铜针辅助才能挑出来,一不小心就会扎到手指,刚到分解岗位的她,针眼、血泡是她 10 根手指的常客。分解岗位的脏是很多女职工难以承受的,一整天的工作使何彦丽身上满是难闻的铁锈味,厚厚的棉布胶带遮不住她手上的裂口和老茧,尽管每天指甲缝和指纹里都是黑泥,但她想的永远是:"今天分解的速度比昨天更快了,动作更熟练了!"

何彦丽的爱人也是修车车间的职工,看着何彦丽每天下班后筋疲力尽的状态和伤痕累累的双手,心疼地对何彦丽说:"要不和主任申请换一个轻松点的岗位吧,天天干小伙子的活儿,身体会累垮的。"何彦丽斩钉截铁地拒绝了。当时她只想把事情做好,再累也要坚持下去,天车都能开,还能被铁疙瘩打败吗?事实证明,她的坚持是正确的,她的努力没有白费,现在的她不仅可以用细铜针轻松挑下密封圈,而且分解速度比男职工还快。

紧接着,何彦丽转到了组装岗位。各种弹簧的名称、高度,橡胶密封圈、模板的尺寸,她在很短的时间内就烂熟于心。组装岗位对她最大的挑战不仅是组装的精度,更难的是120制动阀的重量。每天搬抬近百次50斤重的铁疙瘩,对于瘦小的她着实是个大难题。但凭借一股倔劲儿,利用班后时间反复练习,借用工作台的支撑,何彦丽用巧劲儿旋转和搬抬阀体,干起活来不再那么费劲,极大提升了工作效率。现在,她每天和男职工组装阀的工作量是一样的。"人勤快,好学,肯吃苦"是当时大家对她的评价。

日子一天天过去,何彦丽在制动室也逐渐成为一位经验丰富的老师傅。因为性格和善,大家无论男女老少,都喜欢称她为何姐。但是,对待工作时,她就立刻变得严厉起来。"擦拭配件要用专门的布,一点灰尘都不能进到制动阀里面,否则就会发生铁路事故!"刚入路的小徒弟江悦到现在还能想起师傅教育自己的样子。也正因为她的严厉,刚参加工作的徒弟们很快就成了班组的业务骨干。工作中,何彦丽倾其所有、毫无保留地将多年的经验、窍门全部传授给了徒弟们。而私下里的何彦丽却又像妈妈一样照顾徒弟们——早晨怕徒弟没时间吃早饭,会给徒弟带来她在家包好的包子;大雨把道路淹没,骑电车的徒弟没办法回家,她开着车带徒弟回自己家;徒弟们遇到烦心事,她总是耐心地开导她们……"她们的父母都不在身边,小丫头们自己在石家庄租房,挺不容易的,我能多帮帮她们就多帮帮她们,她们和我儿子差不多大,就像我自己的孩子一样。"

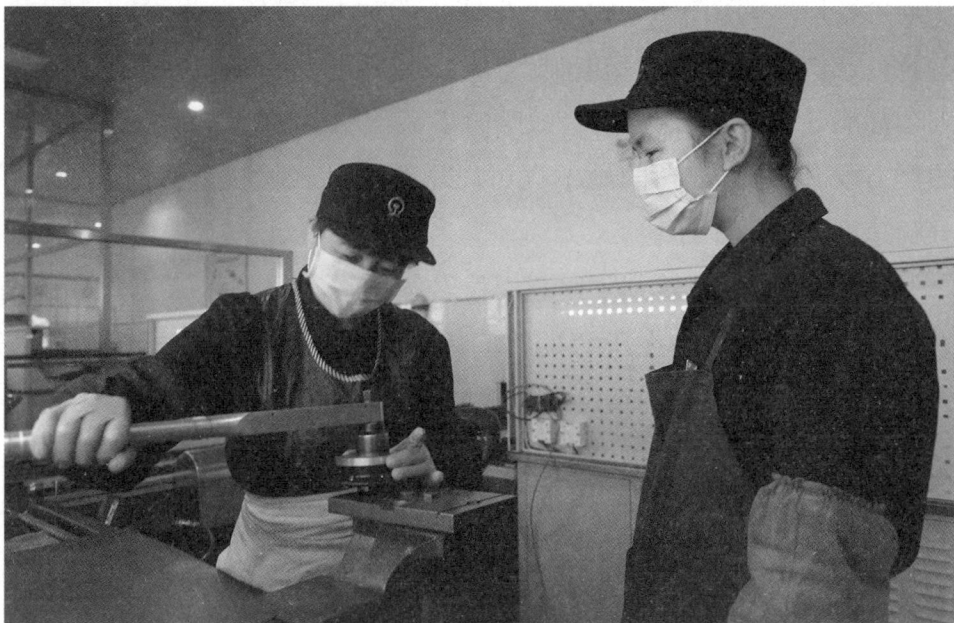

◎何彦丽(左)教徒弟组装主活塞

"何姐,每天都来这么早!"同事们早晨到班组时,热情地向何彦丽打招呼。她每天天不亮就已经出门,第一个来制动室的是她,完工最后一个下班的也是她。2018 年,何彦丽被选为制动室的工长,成为石家庄车辆段唯一的女工长。在以男同志为主力的生产一线,她脱颖而出,毫不逊色,工作间隙她也不会停下歇息,摆摆配件,擦擦柜子,扫扫地面,洗洗抹布……她的眼中总有干不完的活,就好像安装了"电动马达",小小的身体中蕴含着大大的能量。

2019 年,制动室信息化全面建成使用,使用电子标签对阀进行追踪,就可以得到阀的全部信息,就像身份证一一对应。但信息化的很多工作需要在电脑上完成操作,这对何彦丽又是一个不小的挑战。一开始她还有一些抵触,但很快就拉着自己的小徒弟请教电脑操作、信息化等知识。很快,何彦丽就掌握了制动室信息化的全部操作和原理。如今制动室没有了手工填写的台账、反复的盖章核对工作,何彦丽感叹道:"现在的科技越来越发达了,费力的事情变得越来越简单,工作起来也越来越轻松,我还是需要不断学习啊!"

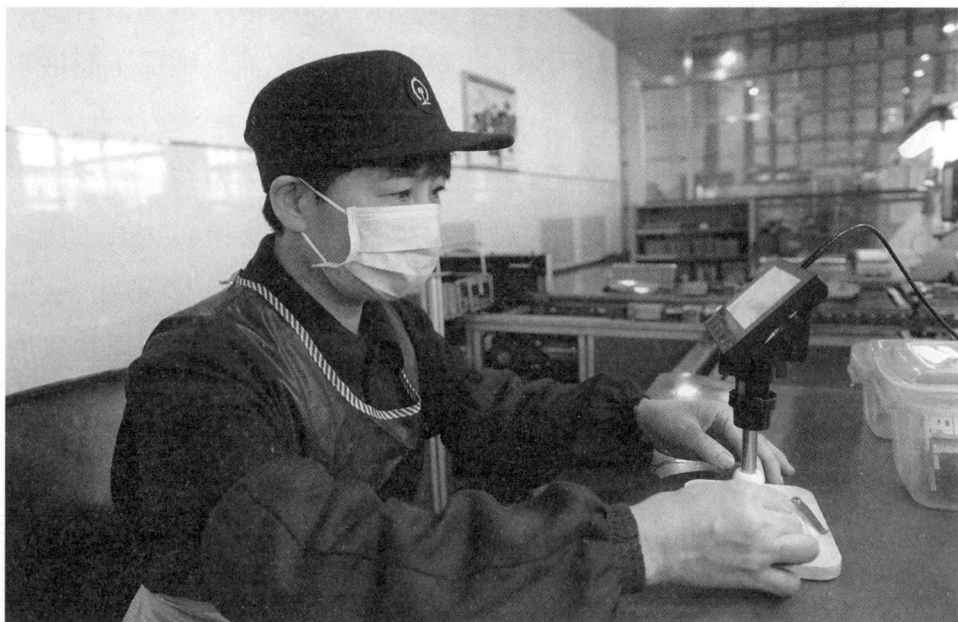

◎何彦丽检测铜件是否有裂纹

直到退休,何彦丽还在深深地感叹她工作的这30余年,有幸见证铁路货车检修的改革和发展,她为自己身为一名铁路人而感到深深的自豪。不仅如此,在何彦丽的支持下,儿子大学毕业后也成为一名铁路人,现在从事动车检修工作。由于一家三口的班制不同,所以聚少离多,但是他们有着共同的目标,那就是检修好每一辆车,确保每一辆车安全运行。

何彦丽在退休前一个月被评为了段先进生产者,车间将她的宣传照片制作完成时,她已经离职了。在她退休后,大家还会常常想起她在各个岗位间忙碌穿梭的身影、干练的短发、利索的动作、洗到掉色的围裙、爽朗的笑声……就好像她从来没有离开制动室,从来没有离开大家。车间派人将照片送到何彦丽家里,她看着自己在岗时的照片,流下了感动的泪水:"谢谢大家还记挂着我,我会永远记得在修车车间我们一起奋斗的日子,真的幸福又快乐。"

巾帼不让须眉,红颜更胜儿郎。何彦丽的身上似乎永远都有使不尽的力气,无论什么时候见到她都是那么的精力充沛。她那干起活来不输男人的样子,也时常让人忘记她是一名女职工。

何彦丽将人生最宝贵的青春时光都留在了铁路,留在了石家庄车辆段,留在了她热爱的岗位上。退休不褪色,余热映初心。虽然何彦丽退休了,但是她的徒弟们还在,徒弟们会将她的教诲记在心中,会继续将何彦丽木兰花一样的精神传承下去,会继续为铁路的高质量发展贡献力量……

无悔的执着

◎唐山供电段　郑　鹰

　　1985年2月，我怀着满腔的热情和无限的憧憬来到了唐山供电段（原丰润供电段）。经过半年的集中培训，我被分配到秦（皇岛）北开闭所，成为京秦电化线上的一名变电值班员，心里别提多么骄傲和自豪。

　　宽敞明亮的工作环境，高精尖的技术设备，这份工作说出去着实让人羡慕一番。但就在上岗后不久，段里发生了一起作业人员未严格按照操作规程作业，造成作业人员严重烧伤的重大事故，使我受到了强烈的震撼与触动，从此敲响了我的安全警钟。对于一个企业来说，安全就意味着质量与效益。而对于一名员工来说，安全就意味着家庭的平安与幸福。变电值班员的工作是日复一日地值班、巡视、抄表、倒闸和检修，看似简单重复，却蕴含着高深的技术原理，承担着保证铁路大动脉安全畅通的重大责任。从那时起，我就暗下决心，一定要认真学习、努力工作，尽快胜任岗位。当时的京秦线是进口设备，所有的图纸资料、设备标准均为外文表述，与国内设备有很大的不同。因此，我就从最基础的设备符号开始认起，学图纸走线路，背安规，刻苦用心，专注学习,经常利用值班时间和同事一起研究图纸到深夜,向有经验的师傅学习请教,通过日常的作业和故障处理,不断地积累经验,解决了生产中的一个又一个难题。功夫不负有心人,很快我就成了班组的技术骨干和本岗位的行家里手。记得有一次天窗作业后恢复送电时,有一路馈线的断路器怎么也合不上闸,这也意味着该线路不能恢复送电通车。当时的京秦线是晋煤外运的唯一通道,运输任务异常繁忙,时间就是效益。我立即建议电调投入备用断路器,先恢复送电,然后再查找故障。通过故障查寻,最终发现是断路器二次回路中的一个接点松动,造成该合闸回路不通而合不上闸。此翻操作既减少了故障延时,又确保了设备完好率和线路安全畅通。1989 年,我带领我们所的 QC 小组攻关《变电所亭怎样防止误操作》,在段成果发布会上获得一等奖,给安全生产起到了一定的指导作用。2003 年,我们所设备改造后,我又协助编写了《新设备的使用说明》,并重新编写倒闸操作卡片 68 张,给所里的安全生产打下了良好的基础。不断的学习,让我的技术业务水平取得了很大提高。2004 年我通过考核晋升为工人技师,2010 年晋升为高级技师。

2000 年,我被任命为秦北开闭所所长(班组长),工作的担子重了。作为班组长,除了自己要有一身过硬的本领,还要带领全所成员完成各项工作。秦北开闭所是我段最大的一个开闭所,还管辖着 3 个无人 AT 所。设备多,人员少,多数是女同志,业务量大。如何管理好班组,是我上任后想得最多的事情。在日常工作中,我带头挑重担,捡困难干,分配工作时自己的工作量总是和男同志一样。电缆沟盖板是钢筋水泥制成的,每一块都足有 100 多斤重,我照样和男同事一起掀。避雷针上的室外照明灯坏了,十几米的高度我照样上。清扫瓷瓶、检修线夹、AT 所巡视、除草、检修等,处理故障大大小小,里里外外样样不落,在急难险重的关键时刻,我总是冲在最前面。记得 2011 年初冬的一个凌晨,正在家中休息的我被手机铃声惊醒,电话中传来值班人员急促的声音,所内山海关方向跳闸重合和强送都失败,我抬头看看窗外弥漫的大雾,根据多年的运行经验和数据分析,我初步判断应该是绝缘子闪络故障,而我们所管内的石河无人所,靠近大海和石河边,存在发生故障的隐患。为了尽快查明原因,刚刚考取驾照的我毅然决定去现场巡视检查,家人觉得十几公里的路程太危险,让我找车间要车前去,但我知道这种事故状态下,繁忙干线每一分钟的延时都会给运输带来巨大损失,尽快排除故障恢复供电,是我的责任和使命。在我的坚持下,我爱人陪我一起赶赴了现场。到所后,我迅速巡视了所内设备,发现所用电变压器高压套管放电闪络,我迅速汇报调度并切除了故障设备,恢复了正常供电。有的同志心疼我说:"我们三天才干一回(三班倒),你可是天天干,悠着点呐。"可我说:"既然我浑身是铁,又能碾几根钉子,希望这样做能激发大家的积极性。"

以积极正确的示范做导向,才能调动起大家的积极性,激发团队努力向上的干劲,才能在管理工作中做到令行禁止。对于日常的安全管理细致严谨,在每天早晨交接班时,我都要亲自召开班前会,认真进行工作前的安全预想和危险点分析。对当天的工作无论大小都要反复叮咛,交代具体安全措施,甚至连工作的每一个步骤、方法和细节都要仔细说明,从不马虎。进入工作现场,认真监督盯控,执行标准化作业,最大程度上保证工作安全。在我工作期间,中国铁路经历了6次提速,秦北开闭所也经历了7次设备更新改造施工。在我任所长期间,所内未发生过人为的作业事故,确保了供电安全。

作为班组长,我还很注重感情投资,没事就和大家拉家常聊天,了解和关心他们的思想和生活状态。记得有一个值班员上班时情绪不高,通过聊天才知道她的母亲患重病住院了。得到消息后,我第一时间到医院探望。后来老人不幸病逝,我又代表全所同志赶到这位职工的老家去吊唁，让她感到了集体的温暖。事后，这位职工逢人便说："我要是干不好工作就对不起咱郑工长。"班组配备的公用绝缘靴尺码大，女同志作业很不方便。我就买来厚实的毛毡鞋垫垫上，大家穿上合适了，脚也不凉了。从大家的眼光里，我感觉到暖的不仅仅是大家的身体还有心。班组气氛其乐融融，班组管理有条不紊，完成了上级交付的一个又一个工作任务，得到了上级领导的认可，多次被评为段级先进班组和路局三八红旗班组。

地处暑运通道的秦皇岛地区运输任务异常繁重，安全压力很大，人完全处于超长待机模式。一个电话打来——"上岗"，这就是命令，无论你身在何处，无论你是否刚刚结束数十天的值班任务正在回家的路上，都需要义无反顾地奔回所里，继续开启下一个暑运任务的盯岗模式。每年的七月、八月，我几乎是全部日夜都坚守在岗位。那时候孩子还小，学习、吃饭等都需要有人照顾。我的爱人在段里工作也很忙，经常不回家，孩子就完全交给了爷爷奶奶照看。我与孩子的沟通就仅限于晚上的电话了。屋漏偏逢连夜雨。一天，孩子的爷爷突发心脏病住院了，突如其来的意外打破了还算过得去的平静。只能做出妥善安排，把孩子寄放在孩子姑姑家看管。工作结束后腾出时间，再去医院看望老人。一天晚上，孩子的姑姑打来电话，说："孩子想妈妈了，哭着要找妈妈。"我接过电话，孩子哭着说："妈妈什么时候回家啊？我都有好长时间没看见你了。"听到孩子稚嫩的哭泣声，我眼睛湿润了，对孩子和老人的愧疚油然而生。但是，作为一名铁路职工、一名班组长，确保暑运安全是重中之重、首中之首的任务，责无旁贷。于是，我安慰道："妈妈有工作离不开，等你长大了就明白了，我们的女儿最懂事了。"现在回想起来，我是父母的孩子，也是孩子的父母，但这些身份在那时似乎都只能排在工作后面了。在我任所长的 13 年里，是没有任何节假日概念的。每年的暑运期间，加上其他任务如调图、不良天气等的值班工作日,每年超过 300 天。

就这样,我在变电值班员这个岗位上一干就是 29 个春秋。因为热爱,所以执着。我执着地从事着我所热爱的事业,恪守着一个共产党员所长的职责,诚实劳动,无私奉献,恪尽职守,兢兢业业,在平凡的工作岗位上,默默地奉献着自己的青春和汗水,遵循着老老实实做人、认认真真做事的原则,做好自己应该做的本职工作,连续多年被评为北京铁路局先进个人和三八红旗手。2004 年被评为天津市劳动模范。2007 年被评为北京铁路局十佳女职工岗位标兵。2008 年被评为全国女职工建功立业标兵全路先进女职工。这一切荣誉都要归功于党组织,是组织把我从一个单纯无知的青年学生培养成为一名共产党员、高级技师、劳动模范,让我能够在使命担当中建功立业。我感恩党,感恩多年来关心、支持、帮助我的领导、同事、朋友和家人。

◎郑鹰向青年职工传授工作经验

　　2013 年,虽然我已经退休,但离岗不褪色,爱党爱路的情怀没有变,在段关工委的支持下,我又积极投入关心下一代工作中,担负起了助力青年职工成长成才的光荣重任。退休前,我们班组有一名新分配的大学生,是我的徒弟,现在她在工作中遇到问题还是向我咨询,我每次都不厌其烦地将我历年来的工作经验细心地进行传授。2021 年,在段庆祝建党 100 周年的大会上,我与来自全段各个岗位的部分青年职工和大学生分享了我的工作感悟,并与青年职工进行了互动交流,青年职工和大学生们纷纷表示一定要向郑师傅学习,争做一名优秀的供电人。

　　今后,我要将自己的人生经历和铁路系统培养造就的劳模精神、工匠精神以及铁路的光荣传统,进一步向青年职工进行传承,为培养建设一支有理想、有本领、有担当的青年职工队伍,贡献自己的绵薄之力。

我的师傅

◎北京机务段　崔玉华

　　近些年,凡是到铁路机务段工作的青年人,不论是刚毕业的大学生,还是复员退伍军人,一般多是安排在运用车间从事机车乘务工作。他们在成为机车司机之前,都是作为徒弟跟随着师傅学习。虽然人们常说"师傅领进门,修行在个人",但我觉得这个领路人对于青年人的成长所起的作用还是非常重要的。

　　1973 年 6 月我从天津铁路职工学校毕业,被分配到北京内燃机务段从事机车乘务工作,到 1978 年 6 月考升司机之前,在 5 年的时间里,先后跟随过多位师傅学习。这段经历虽然已经过去了 40 多年,但有些事情现在回想起来仍是记忆犹新。

师傅教我学习技术

　　到机务段后,我被分配在运用车间调车队,先是在北京站的调车机上当学员,师傅是副司机高燕乐、司机梅汉城。两位师傅都是外地人,我上车时高燕乐师傅正在休探亲假,实际上我跟随的第一个师傅是在车上替班的吕宗礼。吕师傅是北京铁路电气内燃机车学校毕业的,他业务技术过硬,带徒非常认真。虽然我跟随吕师傅学习的时间不算太长,但是他教我学习业务技术知识的场景给我留下了深刻的印象。他曾对我说:"机车乘务员要学习的知识很多,但在学习时要注意分清主次、把握重点,机车电气故障判断处理就是副司机要学习和掌握的重点之一。"那个年代的机车电路设计比较简单,一般是通过开关、按钮和司机控制器,控制相关继电器、接触器联锁或触头的开闭,实现柴油机的启动和机车的走车。如果电器发生动作卡滞或联锁触头虚接,就会导致柴油机不启动或机车不走车。机车在运用中一旦发生故障,乘务员必须及时做出判断处理,否则就可能影响正常的铁路运输。北京站的调车作业不是太忙,一有闲暇时间,吕师傅就拿出机车电路图,帮我分析可能发生电气故障的处所,为我讲述试灯的使用方法和查找故障的技巧,要求我不但要会背诵机车电路图,还要熟记各个接触器、继电器在电器柜内的安装位置和联锁接线。每当停轮待命的时间较长时,吕师傅就钻进电器柜内拆接线、垫联锁,设置各种电气故障假设,让我来判断查找。经过一段时间的实作练习,我基本上掌握了分析判断电气故障的方法,每次都能较快地查找出师傅给我设置的故障假设。吕师傅还教我进行副司机检查给油作业的练习,并根据以往提职考试的经验,给我划出理论学习的重点。对于师傅布置的作业,我都认真按时完成;师傅提问的业务知识,我也基本上能够做到有问必答。师傅看到我的进步很是高兴,他说:"按照你现在的这个状态,参加提职副司机考试过关应该是没有问题了。"正如师傅所言,1974 年 4 月 20 日,我顺利通过了提职考试,成为一名内燃机车副司机。

考升副司机后,我被车队安排在京原线良各庄站的调车机上。卞纯智是我考升副司机后跟随的第三个师傅,他说话风趣幽默,待人十分热情。卞师傅是北京内燃机务段建段初期由蒸汽转内燃的老司机,为督促我学好业务技术,他巧用激将法,对我说:"我是由蒸汽机车转行过来的,对内燃机车的电路图不熟,今后机车电气故障判断处理的活儿就全靠你了。"为了不辜负师傅的期望,我认真学习业务技术,机车发生的简单故障,我都能及时判断处理。在师傅的鼓励下,我还报名参加了机务段举行的技术比武活动。比武当天,在100多名观众的注目下,我站在一块大黑板前,用粉笔背画机车控制电路,详细标注线号和联锁名称,密密麻麻画满了整个黑板。评委经过检查验证后,向全场报告我画的电路图准确无误,在场观众也以热烈掌声对我表示鼓励。卞师傅操纵机车技术娴熟,单机挂车非常平稳,每次都能做到钩响车不动,看他调车作业就像是在欣赏技术表演。1976年3月20日,我被允许可以在司机的监督之下练习操纵机车了。开始阶段,我在接近挂车时的速度总是控制不好,不是速度低了连挂不上,就是速度高了稍有冲动。卞师傅看到这种情况并没有责怪我,而是耐心地给我讲述操纵机车的知识,鼓励我要用心琢磨,不要着急。他还手把手地教我操纵机车,让我学会根据机车与被挂车辆的距离和速度合理调整制动力大小的技巧。师傅的言传身教,让我很快掌握了在作业中如何观测和控制速度、如何平稳挂车等操纵机车的基本要领。

张云海是我考升副司机后跟随的第二个师傅。张师傅在北京铁路电气内燃机车学校上学时曾是师训班成员,他不但技术过硬,而且教徒有方。他要求我背画机车制动系统配管图,熟记单独制动阀、自动制动阀每个位置压力空气在管路内的走向,以及分配阀与制动缸的动作状态,还经常设置诸如制动管路漏泄快慢或塞门关闭大小的故障假设,让我学会通过观察压力表指针的微小变化,准确判断出故障处所。师傅们的耐心教授,为我顺利考升司机奠定了基础。

通过5年的学徒生活,我深深体会到:作为徒弟若想尽快出师,就必须尊敬师傅,认真听师傅话,虚心向师傅学,并且要做到眼里有活,脑子想事,手脚麻利,不怕吃苦。

师傅教我为人处事

调车作业是在车站内对车列进行解体编组,多是些牵出推进和摘摘挂挂的重复性工作。当时,我认为调车工作单调乏味,不太适合青年人干,觉得还是跑正线的工作比较好,可以走南闯北。于是,我曾向车间领导提出过调换工作的申请,但是没有获得批准,为此我还闹过情绪。司机长焦可斌得知情况后,对我进行了严厉的批评。焦师傅是1962年1月1日北京内燃机务段建段时的元老级人物。1962年秋,我国从匈牙利进口了4列NC3型内燃摩托车组,摩托车组的外观与现在的动车组相似,一列车组由分置两端的动力车和中间的两节客车车厢组成,当时焦师傅就是第4列车组的司机长。我参加工作从天津来北京报到乘坐的就是由焦师傅驾驶的列车,后来他由正线车队调到调车队,在我们机车上担任司机长,我也有幸与焦师傅搭班学习了半年多的时间。焦师傅多次与我谈心,他结合自己多年做机车乘务工作的经历和体会,告诉我凡事都有两面性,要学会一分为二地看问题。他以聊家常的方式跟我说:"跑正线的司机从表面上看好像很风光,但实际上也有一些不如意的地方,比方说,调车司机是到点下班,而正线司机是到站下班,机车大轱辘少转一圈也下不了班;调车司机虽然也是白班夜班的倒班作业,但是作息时间比较规律,而正线司机的上班时间是根据担当交路来定的,有时候是早上出勤,有时候是半夜出勤,由于上班的时间不固定,人体生物钟就得不断地进行调整;调车司机的作业区域一般都是在车站以内,对站场设备会比较熟悉,作业速度快慢也能自主控制,虽然一个班的工作时间比较长,但是精神紧张程度相对较低,而正线司机则要对所担当区段线路和车站的情况都了解,且发生设备故障、路外伤亡、异常天气等非正常情况的概率会比较高,司机在列车运行中始终处于高度紧张状态，一趟车跑下来身体会感觉很疲惫……"通过师傅耐心细致的思想工作，我认识到不论是干调车，还是跑正线，仅是机车司机的分工不同，没有高低贵贱之分，而且想要干好都不容易，都必须付出艰辛和努力。我放弃了调换工作的想法，沉下心来，好好学习，努力工作，之后的表现也让师傅感到满意。

1978 年 5 月，我被允许参加提职司机考试，共有 208 名副司机符合条件，通过规章、制动、机构三门课程的笔试，仅有 51 人成绩合格。列车操纵是实作考试项目之一，调车机车乘务员和正线机车乘务员一样，都要根据自己使用的车型，到正线上牵引旅客列车进行三站地的实际操作，考试内容有乘务员呼唤应答标准、动态观测速度、站间运行时分掌握、制动机使用规范、平稳操纵、停车对标等。不同的是，调车机车乘务员被安排在市郊列车上进行操纵考试。我考试当天，有 3 名副司机参加考试。根据考官安排，下行列车考两人，上行列车考 1 人，抽签结果我是最后一个考试。当我坐在司机座位上准备考试时，考官问："你是焦可斌的徒弟吧？"我回答："是。"考官对我说："你在正线上练习操纵的机会比较少，今天你是最后一个考试，前两个停车站让你先感受一下列车的制动性能，从第三个停车站开车起算你正式考试。希望你不要紧张，争取考出好成绩。"考官的一席暖心话语，让我紧张的心情顿时松缓下来。原来师傅为助力我考上司机，除了在日常教我学习业务技术外，还在考前专门请考官帮我疏导心理压力，令我非常感动。考试结果没有让师傅失望，我的理论和实作总成绩在最后录取的 45 名司机当中排名第二。自 1978 年 6 月 25 日起，我正式成为一名内燃机车司机。

张宪双是我考升副司机后跟随的第一个师傅。1974 年 7 月 9 日，我是第一次以副司机的身份和张师傅搭班学习。张师傅虽然不善言辞，但对徒弟十分关爱，有一件事让我印象非常深刻。当年，我们使用的机车是东风 2 型,这种车型装用的是直立气缸对置活塞二冲程柴油机,机车烟囱喷机油现象比较严重,在白班整备作业时乘务员都要登上车顶擦拭油污。一天中午,在调车作业完毕后,我和师傅一起去食堂买饭,师傅对我说:"你吃完饭先去调车组屋里待一会儿,等有作业计划时再上车。"我以为师傅是想午饭后休息避免打扰,原来他是利用中午时间在擦拭车顶。当我上车看到师傅两手油污、满脸是汗时,心里很不是滋味,觉得自己作为副司机很不够格,像擦车这样的脏活儿徒弟应该主动抢先多干才是,怎么能让师傅干在前面呢?我赶紧拿水桶让师傅洗手,并说:"师傅您以后可不能再这样了,擦车顶的活儿还是让我来干吧。"但是,师傅却轻描淡写地说:"我吃完饭一看也没什么事儿,再说中午的温度高,车顶油污很容易擦掉。"师傅的做法让我很受教育,他用实际行动让我明白了身教比言教更重要、实做比说教更有效的道理。在后来的工作中,我努力做到脏活重活抢着干,检查保养做在先,沏茶倒水勤服务,当好助手保安全,我与各位师傅之间关系相处得都很好。

李计栓是我在副司机阶段的最后一个师傅,他平时话语不多,但时时处处都在为别人着想。李师傅也是外地人,平时下班休息很少回北京,多是在车站的临时宿舍里居住。他利用业余时间,在山坡上开垦荒地,种植了多种蔬菜,既锻炼了身体,也改善了生活。有时候师傅看到我没有买菜,他就到菜园子里摘些新鲜蔬菜送给我吃。在我准备考司机的那段时间,师傅总是不声不响提前上车,做好机车检查和整备作业,为我复习功课腾出时间。

我与各位师傅在一起相处的 5 年,也学会了师傅培带徒弟的方法:对业务学习要严格要求,对思想问题要循循善诱,对工作生活要真诚关心,对自身作用要率先垂范。

师傅教我规划生活

我上班时刚满 17 岁,对于单身生活一开始还不太适应,好在我的师傅也多是单身职工,他们就教我如何料理日常生活。我也像他们一样,置办了锅碗瓢盆,学着自己起火做饭;衣服破了自己缝补,被子脏了自己拆洗;合理安排作息时间,逐步适应倒班生活。

高燕乐师傅的脾气很好,他性格温和,待人友善,每天上班总是乐乐呵呵;他喜欢看书,爱好写作,生活充满阳光。高师傅对待生活的乐观态度很值得我学习。

◎崔玉华为新入职大学生授课

梅汉城和张宪双两位师傅的老家都在河南,为了解决夫妻两地分居问题,梅汉城师傅后来调回了郑州,张宪双师傅也与别人对调了工作单位,举家搬到了东北的加格达奇。他们在与我聊天时,就像父辈嘱咐自己的孩子一样,语重心长地对我说:"你要趁着年轻,没有家务负担,好好学习业务技术知识,争取尽早考上司机。需要考虑个人恋爱婚姻问题时,建议你最好是在北京当地找对象,不要步我们的后尘,避免造成两地分居。"师傅的肺腑之言,对我做好职业和生活规划起到了很重要的指导作用。

有句老话说得好,"得遇良师,何其有幸"。师傅的言传身教,让我受益匪浅;师傅的优良作风,需要延续传承。我考升司机后,也学着师傅的样子,关心照顾好跟随我的每个徒弟,教技术传经验,助力他们顺利考升司机。在师傅身上学到的业务知识和工作方法,对我后来从事管理工作也有很大的帮助。如今,我已经退休,但还有幸继续做着关心下一代的工作。我愿与青年人一起交流,分享自己多年在机务段工作得与失的感悟,希望他们爱岗敬业,忠于职守,为铁路事业的发展贡献力量。

一条"老线"的故事

◎天津车务段　刘广恩

铁路人的回忆都离不开与他们并肩作战的"老铁"——钢轨、火车以及各种器具。在这些"老铁"的陪伴下，铁路人助力了铁路的发展，也见证了中国铁路的腾飞。今天的故事要从一条"老线"讲起，这条线路的名字是津蓟铁路。

"建国初始，万事筹谋，乃修铁路，北至蓟州；沿途设站，站如星斗，服务城乡，百姓额首；光鲜于前，艰辛背后，小线偏僻，数载寒秋……"这首词读起来朗朗上口，名为《津蓟铁路赋》，刻在了津蓟铁路展览馆进门的第一面墙上，这首词记载了津蓟铁路自开工建设至今50余载的发展变迁。

津蓟铁路始建于1960年3月15日，全长113公里，以天津站为起点，沿线敷设11站6个乘降所，经由天津北站、北仓站、汉沟镇站、曹子里站、崔黄口站、大口屯站、宝坻站、下仓站、上仓站，以蓟县站（现蓟州北站）为终点站。

津蓟铁路于1964年3月全部铺通，1965年1月1日正式开通运营。修建这条铁路的初衷，主要是支持国家建设和运输天津市急需的工业原材料。当时正值困难时期，即便如此，天津市、河北省及沿线的劳动人民用人拉肩扛、牛马木车支援了津蓟铁路建设。作为地方铁路，这条线路最初的名称是津蓟铁路指挥部，后更名为汉沟中心站，于1973年6月1日划归并成立了天津车务段。这条线路上都是一些小站，车站大部分都是三等站、四等站，只有蓟州北站是二等站。

这条线路一头系着历史悠久的古渔阳蓟州，一头牵动着开埠600年的现代化工业城市天津。沿途物华地宝，人杰地灵。这条线路融汇历史、文化、城乡、经贸于一体，是一条闪光的历史文化线。津蓟线的汉沟镇站是当年抗击八国联军的地方；曹子里是闻名遐迩的"绢花之乡"，有300多年的生产工艺；崔黄口则是全国当之无愧的"地毯之乡"……此外，还有艺术和人文，著名的表演艺术家董湘崑和赵丽蓉都是宝坻人，因此宝坻也被誉为"北方曲艺故里"；名将戚继光在抗倭胜利后，出任蓟镇总兵，从此便与长城、与蓟州、与黄崖关，结下不解之缘。

津蓟铁路建成后，很快加入新中国的建设中，为推动国家建设、城乡发展、人民生活作出巨大贡献。津蓟线在最开始建成的时候，以货运为主、客运为辅。客运业务所占比重较小，当时人们的出行也并非旅行或者出游，而是以买卖谋生为主，客流都是沿线的农民，他们通过火车进城交易、谋生。津蓟线联通了沿线各站，方便了村民的出行，车票的价格也很便宜，在拉动沿线经济的前提下还能够帮助村民节省开支。从津蓟铁路展览馆摆放的老照片，我们可以看到当时的乘客和客运人员的脸上都洋溢着微笑，正展现了大家对这条铁路的深情厚谊。

由于最开始村民、周围的厂矿、企业、学校等对铁路了解不多，铁路职工经常会到社区和工厂做宣传，为村民和工人答疑解惑，宣传乘车、购票知识，以为他们提供更好的服务和便利。为了解决个别人群购票不便的问题，还会经常外出售票，直接将车票送到人们的身边。正是这种细致入微的服务，才让铁路的名字听起来更加温暖。

时间的车轮滚滚向前推进,铁路的发展、设备的变革、人员和作业方式的更新迭代,在这条线路上演了一出又一出的奋斗故事、坚守故事和奉献故事。老一代铁路人迎战风雪的故事今天也在上演,铁路人爱站如家的文化也在不断丰富。时至今日,这条线路已经有50多年的历史。如今的站车环境得到了很大的提升,车站的行车室早已焕然一新。客运工作也在不断地升级、改进。现在,这里已经是全新的车站面貌、电子化的售票窗口。当我们再来到这里乘车时,硬板票看不见了、沿站台售卖东西的场景也消失了,那些老场景留在了记忆里,取而代之的是电子化客票、持身份证直接刷证进站。铁路的快速发展,有效提高了运能和运力,为铁路职工创造了更好的工作环境、生活环境,为人们提供了更加高效、优质的出行和服务体验。

时空转换,态度依然,如今津蓟铁路已经开通运营50余年了,她在艰难的年代诞生,踏着改革开放的浪潮,在为人民服务、为社会服务中不断发展进步,书写了助工助产的历史篇章。从最初的支持新中国建设和运输天津

◎刘广恩同志给同事们讲津蓟线上的故事

市急需的建筑工业等原材料为目的的建设初心,成为昔日的货运担当,到后来随着各种运输方式的日益普及,全国及天津市传统产业的转型升级,一度忙碌的津蓟线逐渐安静下来。直到2015年,随着人民生活水平的显著提高和京津冀协同发展战略的实施,经过改造升级后的津蓟线成为天津市第一条市郊旅客列车专线,天津市区与蓟州间的运行时间由先前的两个半小时缩短到90分钟,公交化运行的优势逐步显现,同时极大盘活了津蓟沿线城镇的旅游资源。

津蓟铁路的故事让我想起了之前在网上看到的一篇文章,文章中提问:铁路是什么颜色? 每个人的回答都不一样,有人说绿色,有人说白色,还有人说金色。为什么是这三个颜色呢——说绿色的是绿皮火车,其陪着我们度过了漫长的岁月,还是一些老线仍然保有的"慢火车",体现了中国铁路的温度;说白色的是和谐号,说金色的是复兴号,它们四通八达、纵横驰骋,展现着中国速度,让中国铁路闻名内外。

但是,我今天想说的并不是这三种颜色,我认为铁路更是红色的。为什么这么说呢? 因为中国铁路传承着始终听党话,永远跟党走的红色基因——从解放战争时期解放军打到哪里铁路就修到哪里,到四川汶川特大地震火车驰向灾区打通救援生命线,再到疫情发生,铁路人坚守岗位逆行出征为疫区运送医药器械和生活物资,中国铁路始终保持着鲜红的底色,听从党的召唤,服从国家安排,哪里有需要就冲向哪里。津蓟铁路也是如此,在开工阶段,我们投入火红的建设,挥洒汗水与青春;在新要求下,她及时转型成为联通津蓟人民的幸福线和旅游线,为拉动经济贡献了绵薄之力。

津蓟铁路并非个例,中国铁路在中国共产党的正确领导下始终秉持着"人民铁路为人民"的初心,这是我们铁路人为国为民的爱国情怀。中国的铁路工人,始终追随党的脚步,时至今日依然在国家建设与发展中担当着重要角色。新时代的铁路青年应该好好秉承光荣传统,在时代的潮流中,坚定政治方向,笃定前行,书写新时代的奋斗与奉献。

我的铁路情怀

◎石家庄电力机务段 张文礼

　　每个人的心里都有着浓浓的乡愁或割舍不断的情怀,在我的心里打下深深烙印的是铁路的情怀。

　　小时候,每逢学校放假,我们兄弟几个都会坐火车回老家住上一阵子。新修的保定至满城神星铁路就从我家门前穿过,只要听到火车的汽笛声,尽管天还不亮,我都会一骨碌从炕上爬起来,透过那块不大的玻璃窗看长长的火车隆隆地从家门口驶过,我是又饱眼福又饱耳福。

　　学校曾出了一个作文题,长大后"我的志愿"。我毫不犹疑地写道:"我的志愿是当一名火车司机,为祖国建设贡献力量。"

一

　　1968 年,初中毕业的我被分配到石家庄机务段,成了一名蒸汽机车乘务员,我的梦想实现了。

　　入段后,我分在了石阳机车队,使用的是国产建设型 5904 机车,担负着石家庄至阳泉货物列车的牵引任务。蒸汽机车乘务机班由司机、副司机、司炉三人组成。我从学员开始干起,学习司炉整备作业和机车焚火。跟师傅一起洇煤时,师傅说:"煤一定要洇好,水太大了连汤带水不行,煤洇不透是干的,扔到炉里干面顺烟囱抽走了,既浪费煤还烧不上汽来。"记得我第一次单独整备作业就是洇煤,在我看来,洇煤是最简单的整备作业。我爬上水柜,用铁锹把煤斗的煤整理成一个大大的坑,打开水龙头往煤坑里注满水,"胜利"完成了任务。机车出库了,没走多远只听哗的一声,煤和水一起冲到了司机室地板上,把炉门脚踏板埋了个严严实实,炉门踩不开了。我吓傻了,不知所措。师傅立即拿铁锹把脚踏板周围的煤拣到煤斗上,首先解决了能往炉里添煤的问题。师傅说:"别看煤斗下边有煤,中间一定是空的,机车运行一震动,煤往下一沉,煤水就下来了,以后洇煤前要用三齿敲一敲挡煤铁门,看中间的煤空不空。"这次洇煤跑水深深教育了我,使我认识到再简单的工作不按程序办、光想省事也会出问题。只有干好工作的愿望远远不够,还要有干好工作的本领。

比起整备作业,学习焚火技术难度更大。跑车时,我都是抢着烧火,烧不上汽来师傅就赶紧接过来烧,师傅看着我烧的炉说:"小张,你烧的炉是有山有水(煤添得多的地方高一块,没添到的地方低一块)。"师傅告诉我,"烧火不但是体力活儿,而且是技术活儿,添煤要看火候,要看炉内各部位的燃烧情况,炉烧出来要成簸箕形。"我虚心向师傅学习,从最基本的焚火锹法开始学起,锹法逐步掌握了,汽儿就烧上来了,炉也烧得成形了。后来,我上了5401机车。这台机车比其他机车都难烧,需要司炉、副司机一起使劲。我在这台车上当司炉,没有发生过烧不上汽儿来的情况,司机说:"小张烧火是经拉经拽经打经踹的。"

二

司炉工作是个累活儿,我们跑石太线爬大坡穿山洞过桥梁更累。

石家庄至阳泉107公里,需要烧4吨半煤,司炉和副司机每人需要往炉里扔2吨多煤。遇上峰峰煤(这煤虽扛时候但不耐着),需要用大火钩来回钩,让炉通风好,才能点着得快点,铁锹火钩轮番上阵,大冬天烧火都汗流浃背;要遇上口泉煤(这煤虽好烧但不扛时候),煤扔到炉里稍微压住一点儿就结大瘤子,结了瘤子影响通风更烧不上汽来,就得把瘤子钩出来,大夏天往外钩瘤子那是热上加热。往阳泉开是上坡道,最大坡道千分之十八,很要烧火的劲,锅炉气压不能低于13个,低于13个气压,加上拉重车,在长大上坡道上就容易造成坡停事故。

我在5830机车跟司机郭顺海师傅搭班时,有一次出乘,车站值班员征求郭大车意见(那时习惯称呼司机为大车),说:"编好了一列超轴列车1100吨(石家庄至阳泉上坡道重车定轴1000吨),能拉不能拉?"如果司机坚持不拉,车站就把超轴的车辆进行摘编。郭顺海师傅是铁道部劳模,操纵能手。"我们拉,不用重新编组。"司机拍板了。副司机许明欣师傅对我说:"小张,能不能拉上去就看咱俩烧火的了。""没问题,保证水满汽足。"我坚定地回答。司机把气门开到了最大。机车发出的怒吼声在山间回荡。我手握铁锹,随着炉门的开启,压锹撒片,斜锹撒线,左后帮扣锹,右后帮滚锹,烧火的十八般技艺我几乎全用上了,我不时直起腰来用围在脖子上的毛巾擦着脸上的汗水,上半身衣服全湿透了,炉火烧得极旺。司机不时扭过头来看看气压表、水表,气压表指针始终在14个半左右移动,郭师傅脸上露出了笑容。许师傅打趣地说:"小张,别烧冒了啊。"(锅炉额定气压15个,超过15个安全阀会自动放汽)。最终,超轴列车安全正点到达阳泉站,行车调度还给我们机班发了表扬令。我们完成了一次特殊的运输任务,虽然累得腰酸背疼,但我心里美滋滋的。

石家庄至阳泉山洞多,烧火的习惯是在机车进洞前往炉里多添煤,以减少在洞内添煤的次数,因为在山洞里炉门开的次数越多司机室温度越高,乘务员越受罪。特别是位于石阳段 80 公里处的隧道,全长 1403 米,进洞前我早就准备好了半桶凉水,司机、副司机把毛巾湿透,我大锹大锹地往炉里添煤,机车冒着浓浓的黑烟钻进山洞,我们三人立刻用毛巾捂住口鼻,我蹲在司机座位后边,眼睛盯着气压表,黑烟夹着蒸汽钻进司机室,司机室立刻变成了蒸笼,机车犹如腾云驾雾,司机室外面什么也看不见。烟囱里冒出的煤屑落到脸上、胳膊上,烫得生疼,一趟车下来个个被熏成了"黑老包"。

我上班那会儿,生活条件普遍不宽裕。段发的劳动布工作服当逛服穿,把破旧衣服当工作服跑车穿。衣服破了,家里找一块补衣服的大补丁都困难,我们就把捡来的废砂布上的砂子冲掉,用砂布补衣服。

蒸汽机车乘务员就是跟煤、水、油打交道。跑车回来得擦车,特别是走行部甩的到处是油污,机车两侧里里外外要擦,机车底部上上下下要擦,有时前边排着车我们的机车进不了地沟,擦不了机车底部,我就从第 4 动轮上方爬到车底部擦车,浑身上下蹭的都是煤灰和油污。我们身上的工作服,没人称呼它工作服,都叫它"油包"。我们穿着各色补丁摞补丁的油包,一个个脸黑得像老包,手里拎着脏兮兮的装饭盒的兜子,走在去公寓的路上。但是,我穿着这身油包一点儿也没觉得难看,反而觉得很自豪,因为这身油包是我热爱的蒸汽机车乘务员的标志!

三

经过努力,我考上了副司机并光荣加入了中国共产党。入党以后,我始终坚持用党员的标准严格要求自己,时时处处发挥好党员先锋模范作用。

1979 年,石家庄电力机务段成立,我调入石家庄电力机务段,成了一名电力机车副司机。开上比内燃机车更干净更环保的电力机车,心里甭提多高兴了。1980 年 9 月 9 日,石太线石家庄至阳泉段电气化先期开通,石太线是我国北方第一条电气化铁路,也是我国第一条双线电气化铁路(我国第一条电气化铁路宝鸡至成都是单线铁路)。司机李维林师傅和我有幸担当了石阳段电气化开通第一趟列车的牵引任务。

第一趟列车编组是客车车底,车上乘坐的是各级领导、有关站段的安全技术人员,以及电气化施工的工程技术人员等。石家庄铁路分局机务科科长、石家庄电力机务段段长、运用车间主任都在机车上添乘。因石家庄客站电气化改造工程尚未完工,第一趟车的专列从南新城站始发。约 9 点 48 分,一声长笛划破晴空,5001 次列车徐徐起动向阳泉进发。这一刻标志着石太线进入了电气化时代。我坐在副司机座位上又激动又紧张,我在心里告诫自己:"一定要落实好规章制度,不能出半点差错。"

列车在石太线上飞奔,各站出来接车的都是双岗,路上的行人和在田间劳作的人们都驻足观看"不冒烟儿不冒汽儿头上长角(受电弓)的火车头",铁路旁边公路上跑的汽车也不断鸣喇叭致意。转眼列车接近娘子关站,"娘子关进站信号绿灯通过",我边呼唤边伸出左手食指和中指,认真落实着"高声呼唤,手比眼看"的呼唤应答制度。"娘子关进站信号绿灯通过",司机同样应答着。"山洞注意",我呼唤完毕,打开照明灯,鸣响汽笛,列车呼啸着钻进位于石太线 80 公里处的长大隧道,头灯把山洞照得如同白昼,"再也不用担心汽水的供应了,再也不用受烟熏火烤之苦了"。5001 次列车到达终点站——阳泉站简子沟到发场,随后机车转线拉着本列返回到阳泉站。我和师傅下车仔仔细细地检查机车,段长和运用主任来到车上说:"我们看着机车,你俩到餐车吃午饭。"该返程了,5002 次列车披着晚霞安全正点抵达南新城站,我们机班圆满完成了石太线石阳段电气化开通首趟列车的牵引任务。现在回想起来,虽然石阳段电气化开通时没有举行隆重的开通仪式,机车也没有披红戴花,但首趟列车牵引成功的情景,至今都令我感到无比的激动。

2003 年,河北省《燕赵都市报》开设了"寻找省城第一人"栏目,记者采访了李维林师傅和我。11 月 4 日,《燕赵都市报》以《我们开出第一趟电气机车》为标题,介绍了我们担当电气化开通第一趟列车牵引任务的情景和喜悦激动的心情。2016 年元月,河北省图书馆又录制收藏了我讲述的我们机班担当电气化开通第一趟列车牵引任务的视频。

四

我是我们家的第三代铁路工人,爷爷和父亲都是车站职工,已退休的爷爷特别告诫我:"干铁路就是跟铁老虎打交道,一定要保证安全。"爷爷的嘱咐我铭记在心。

工作一段时间以后,通过机班师傅讲述本段发生的行车事故和机车队乘务员学习会上通报的兄弟站段发生的触目惊心的人身、行车重大事故,我加深了对"安全第一"的理解。我暗下决心,事故绝不能出在我身上。行车最大的安全隐患是跑夜车犯困打盹。出乘前睡觉,父母都给我创造安静的休息环境。即使这样,有时跑夜车我也犯困。有时我会用凉水洗把脸提提精神,保证行车不打盹。

铁路规章是行车的指南,是安全的保证,对于机车乘务员来说必须做到应知应会。每次跑车回来在家休班,我都坚持看几页铁路规章,看到哪儿就把这一页折个角下次休班接着看,全看完了再从头往后看,对于铁路规章我做到了熟烂于心。1981 年考司机,我参加了铁路规章考试,规章考试是 80 分及格,18 名参考者中只有我一个人过了关。我以优异的成绩考上了电力机车司机。坐在驾驶座上,手握着闸把,深感责任重大:"我手里握着的是国家的财产,是人民的生命,必须保证行车绝对安全。"我坚持一丝不苟地落实规章制度，不但确保了安全，还防止了多起事故。最典型的是，有一次，列车进入弯道前，我按规定鸣笛，精神集中盯着线路，拐过弯道忽然发现人群，立即非常停车，停车后仍有人员没有下道，防止了一起群亡群伤事故，从而受到分局机务科表扬。在我担任机车乘务员 10 多年里，没有发生过一次责任事故，我也多次被评为先进生产者和优秀共产党员。

1983 年以后，我陆续担任机车队党支部书记，运用车间工会主席，运用车间党总支书记、党委组织助理。虽然我的职务在不断变化，但围绕安全主题开展工作，进行安全教育，发挥好组织作用，始终没有

◎驾驶座上的张文礼

变。1997 年，我任运用车间党总支书记期间，将段开通运营以来发生的 7 起行车责任事故，掰开揉碎从 9 个方面进行原因剖析，并装订成册对乘务员进行安全教育，收到了很好的效果。

在我的人生中，虽然有过一段蒸汽机车乘务员苦累的经历，但当我回首那段经历的时候，烙在我心头的不是心酸和苦涩，而是宝贵的财富。在我今后的工作中，不管工作多苦多累都不在话下。

2010 年，我退休了。离开了我工作了 40 多年的工作岗位，依依不舍的心情难以言表。面对现实，我努力转变自己的角色，致力做一名"退而不休"的退休职工。我积极参加离退办组织的老工人为生产一线职工送清凉活动，重阳节到铁路社区为退休职工、居民表演推广传统太极拳和健身气功，积极参加段关工委举办的宣讲活动等。虽然退

休了这么多年,但我的心始终系着铁路,眼始终观着铁路,国内有关铁路发展的每一条新闻,中国铁路在国外的每一次中标,石家庄电力机务段的每一次新变化,都会让我激动不已。正巧退休后我换了部智能手机,进微信群也想有自己可心的昵称,想来想去确定的昵称是"铁情枫韵"。这辈子我对铁路的情怀、电力机务段的情怀,是割舍不掉了。

一段刻骨铭心的经历

◎天津工务段　胡永思

1986 年 3 月，在希望和责任的推动下，我从天津工务段塘北车间调到杨柳青领工区任领工员。乍到车间，通过短暂的实践，我很快进入角色。随着对车间工作的逐步熟悉，我发现：无论是设备质量、职工队伍，乃至于车间班子的状态，距离上级的要求还有一定的差距。要想改变现状，还真得下番苦功夫。通过用道尺逐根铁的检查发现，正线轨距超过标准的随处可见；三角坑让人揪心，陈旧的设备由于得不到及时整治更换，一到夏天就翻浆冒泥；职工干劲不足，管理缺乏标准……

面对这一切，怎么办？在段领导和广大职工的支持下，我开始对领工区的工作进行整顿，收到了很好的效果。

我先在车间班子里查找不足，整顿作风，要求从主要领导做起，事事严于律己，用党员干部的自觉行动、表率作用，凝聚广大职工的心。我们是这样讲的，也是这样做的。自此，全车间上下风正气顺，一股无形的合力逐步形成。那时候，有 1 年多，我几乎没睡过一个囫囵觉。白天组织施工作业，晚上还要抽查道口巡道工，家里的事几乎什么也管不了。1年中也就为了买点煤，歇两个半天，孩子、家里的事，只能靠老伴操劳。有一次，老伴上夜班，为了不影响夜间查道口和巡道，我只能把3岁孩子锁在家里睡觉，直到半夜孩子睡醒，看到屋里没人，哭闹不停，工区的人才把我从现场叫回来，现在想起来真让人后怕。

工务的任务主要是拼设备，只有设备过硬，安全生产才有保证。那个时候，全领工区共管辖设备90多公里、道岔100多组，其中正线曲线28条，另外还有站线、到发线、路外专用线，以及职工近百人。为了保证行车安全，针对设备陈旧、老化的状态，我们在按部就班完成每月维修任务的同时，集中组织车间力量，将所有正线上的老旧伤轨调换下来用在到发线上使用。这样做不仅从根本上提高了设备质量，还为国家节省了大量开支。为了解决马鞍低接头、腰部三角坑的病害，我带领各工区认真开展了全线路的综合整治活动。有时忙起来，中午因为道远，又没有交通工具，大家只能在现场用枕木烧水就馒头吃。尽管如此，没有一个叫苦叫累的，因为大家心里装着的是铁路事业。没有今日苦，哪有明日甜。1988年夏天，由于连降大雨，周李庄工区管辖津浦上行高路基地段线路翻浆，一下子与钢轨冒平了，迫使列车不得不从到发线通过。为了彻底解决这一病害隐患，在段技术室大力支持下，我和支部书记召开了全车间的动员大会，号召全体干部职工发扬敢打敢拼、不畏艰苦和连续作战的精神，对周李庄的严重翻浆冒泥地段进行两公里的高起道，最多起到150毫米左右。通过施工要点，卸石砟后，全车间百余名职工，在现场施工领导的指挥下，就像下了山的小老虎，你追我赶挥汗如雨。转眼间，通过充填石砟、高起道、捣固整细施工后，崭新的线路展现在人们面前，将近一个星期的奋斗，在不依靠任何外援的基础上，我们终于完成了两公里的高起道外加整细任务。经过段领导和有关部门的验收，凡是高起过的地段，几何尺寸均已达到标准。这一次，我们不仅提高了设备质量，确保了铁路大动脉的行车安全,更锻炼了一支敢打必胜的职工队伍,为天津工务段把好了"南大门"。

1990年,天津站进行枢纽设备改造。南曹线的修建,成为整个施工的重点配套工程。由于在建设路基时正赶上冬季,为了赶任务,施工单位将曹庄农场的冻土作为填基使用,转年没等铺轨,路基就出现了大面积的塌陷现象。当时虽然采取了挽救措施,但是整体线路设备完成后,通车时南曹线桥头地段就发现了严重的塌陷问题。正赶上天下大雨,马上就要有威胁行车安全的问题发生。在段有关部门的指挥下,我立即组织了一支强有力的职工队伍,冒雨卸渣,起道整修,也就在这次整修中,我右脚崴伤,造成严重的韧带拉伤,但我仍咬牙在现场指挥,终于较好完成了此次抢险任务。那几年,为了及时发现线路病害,每季度我都会带着一名老工长将所管辖的设备逐根铁地检查完。晚上抽查"三工"作业,白天照旧指挥生产,已是家常便饭了。

那时候,养路工区的工作生活条件是很艰苦的。夏天最热的日子里,养路工干了一天活儿,晚上只能到站台上乘凉休息。工区值班室既没电扇更没空调,当时为了解决这一困难,领工区党支部号召各工区利用业余时间种菜、养长毛兔,一年下来,除了职工吃、用,车间将剩余的钱积累起来,年底为5个工区每个宿舍都安上了崭新的电扇。另外,我们还自己动手,改善了工区的生活条件。在段工会的支持下,每个工区还建立了"四室一房":文化室、洗浴室、理发室、会议室、工具房。随着物质条件的改变,养路工的精神面貌同时发生了深刻变化,这也许就是精神变物质、物质变精神的道理吧。与此同时,在工作标准上,我们力争达到格上格。例如,杨柳青班组的设备都建在曲线上,这在全路来说都是少有的,由于瞭望条件差,给安全生产带来了很大的困难。这就需要我们的设备质量比一般地段的好上加好。领工区通过研究,统一思想,要求这个工区的设备标准达到格上格,曲线道岔尺寸凡是标准定在 4、2 范围的,都要整修到 3、1 程度,否则就算不达标。由于广大干部职工的辛勤努力,我们的设备打了翻身仗,管理水平同时得到提高。段、分局领导通过检查,充分肯定了我们的工作。1990 年,我们车间被

◎天津工务段关工委常务副主任胡永思(右)

评为分局级的红旗领工区。看到领工区的工作逐渐好起来,广大职工是越来越有干劲,也越来越团结。

每当想起走过的路和往日从事的工作,我都会心潮澎湃、记忆犹新,并深深体会到:工作是干出来的,我们只要付出一定的艰辛、一定的努力,就一定能够收获喜人的成果。时代的痕迹、历史的过往不会忘记每个匆匆过客,党的事业需要我们一代又一代接续奋斗,不断发展下去。

我把诺言根植在心

◎石家庄工务段　吴国栋

"当个有本事的人,当个受尊重的人,当个能把分内活儿干漂亮的人。"我将此当成对自己、对家人、对自己从事一生的铁路事业和工务工作的承诺,而不懈努力。

我在农村长大,17 岁那年,接父亲的班,来到父亲以前工作的石家庄工务段井陉养路工区,成为一名养路工。每天抡着洋镐、大锤等笨重的工具,在线路上清筛、换枕、捣固。刚刚离开校园的我,在家里也没干过体力活,再加上年纪小、个头矮、力气不足,一时间,面对如此繁重的体力劳动,很不适应。抡起洋镐、大锤,浑身上下酸疼。干完一天的活儿,累得趴在床上偷偷掉眼泪。可我不想让别人知道,因为我心里清楚,自己是接班来的,绝不能给父亲丢人,也不能给自己丢人,咬着牙也得把活儿干好。

再苦再累,也要学习。在一年高强度工作的历练中,我深深认识到:科技可以解放生产力,如不去学习更多的技术业务知识,就无法更好地胜任本职工作,就无法改变现实,更无法提高工作效率。所以,我首先向书本学习。从专业书籍中掌握业务知识,不断提高自身理论水平,实现自我增值。我从老师傅那找来了《养路工》一书,里面囊括了桥梁隧道、钢轨病害、道岔、曲线等各类知识,可谓工务系统的百科全书。我逐行逐句地仔细阅读,遇到重点知识都抄写在本子上,结束一天的工作之后,晚上我都要挤出时间学习到深夜,困了就用凉水冲一把脸,完成学习进度才上床睡觉。好记性不如烂笔头,我兜里随身揣着个小本本,师傅们讲的我都认真记下来,没事的时候就翻着看。这个习惯一坚持就是 30 多年,这 30 多年已经记了几十本,我称之为"秘籍"。其次向实践学习。作为养路工,更多的是进行实际操作,要用心用脑作业,通过工作中和业余时间的钻研、体会,切实提高了自身专业技术水平。第三向先进学。以高标准严格要求自己,勤学好问,认真钻研。自己不懂的地方,我想方设法向老师傅请教,直到搞懂为止。在别人眼里我是记性好,脑筋好使手又巧,但只有自己心里明白,日常下班后别人休闲时,我却是在看书学习,为自己充电。功夫不负有心人,我刻苦钻研技术业务,日积月累、厚积薄发,先后取得段、分局、路局技术比武第一名,进而在全路工务系统线路工技术比武中获得第六名,受到全路通报嘉奖。

1990 年,我被提拔到翟家庄工区当班长。车间领导要求将翟家庄工区打造成全车间的标杆、样板。翟家庄工区管内桥梁、隧道、小半径曲线占到总设备量的 90%,基础十分薄弱。而且,由于石太线长期高负荷运输,三级线路承受着一级运量,钢轨侧磨、翻浆冒泥、枕木失效等病害时常可见。工区职工们往往今天整治完这处病害,明天那处又出现一个新病害,真是应接不暇。虽然任务艰巨,但我暗下决心,再难再苦,也要干下去,决不能放弃。我和职工们每天 7 点就上线作业,起拨道、清筛、捣固各种作业不间断进行,往往一干就是十几个小时。

翟家庄工区的环境还特别艰苦。由于深处山区,远离村庄,职工们住的是小平房,睡的是枕木床,夜幕降临,还要忍受各种蚊虫的骚扰，身上经常被咬得一片片通红。日常饮水更是难事儿，每周工区职工利用山中水库放水的机会，将水引到工区露天窖池中。灌满后，再在水面上撒上一大把漂白粉，搅拌一下，这就算消毒了，喝到嘴里一股浓烈的药味，火烧火燎的。可就是在这么艰苦的环境下，职工们却特愿意跟着我干。那是因为大家跟着我干，不用干返工活儿。别人检查病害，都是等火车开走了，看线路的静态情况。可我不是，每次火车一来，主要是看线路的动态。也正是靠着这个小窍门，三角坑、空吊等病害，我一抓一个准，多小的毛病也逃不出我的"法眼"。

对职工的生活，我很上心，但是对家人，却亏欠太多。自从来到翟家庄工区后，为了整治设备，我常常一盯就是十天半月。一年时间，回家的次数屈指可数。那时，我的女儿才两岁，由于身体抵抗力弱，常常生病，三天两头上医院，一住进医院，就哭着喊着找爸爸，小手被针扎得肿了一圈。我也想马上飞奔到医院，但当时工区的设备质量刚有点起色，正需要加大整治保养力度，我离不开，只能把思念和牵挂深深埋在心里。

坚守、付出、努力，终于换来了成绩。1991 年初，翟家庄工区管内设备大大减少了二三级病害的出现，不仅成为车间的标杆，更被路局评为安全放心区段。

2000 年，我在石家庄客站线路工区任班长时，正逢全国铁路大提速，石家庄站内的 70 余组道岔要在一年内全部完成更换。车间便将这一重任交给了我，要求我全程指挥道岔数据的整理和实际铺设。在线路方面，我的技术比较过硬。但在道岔业务上，由于曾经工作过的工区几乎没有道岔设备，所以只能算一名新手。道岔铺设刚一开始，只有初中文化的我便感到了吃力。直到现在，一回想起当时的情形还在感叹："太难了！根本看不懂道岔图纸，而且道岔支距、导曲线轨距加宽递减，尤其是复式交分道岔的各种数据根本搞不明白、记不住，组装新道岔更是不知道怎么下手。"可是,我没有气馁,领导信任咱,咱就得把活儿干好,我那句承诺依然没有改变。看不懂图纸,我就找经验丰富的技师和技术人员请教。数据不好记,有空闲就背。配件不知道放哪儿,就多摆摆,做做实验。晚上,当别人睡觉时,我在翻看图纸、背诵数据。白天,我和大家一起装卸配件、组装道岔。连续一个月,每天的睡眠时间都不足 3 个小时,以至于屁股只要一挨地,就能睡着。苦,那几年我太苦了。但这苦,吃得值! 2000 年至 2007 年,我和职工把管内设备来了一次大换血,把石家庄老客站 11 个股道中的 9 个股道 25 米标准轨逐步从 43 千克/米换成 50 千克/米、60 千克/米,后又换成无缝线路并进行了全方位维修保养作业,设备质量优良,就连当初曾抱怨的职工也在感谢我,他们说:"国栋虽然带领咱们奋战 8 年,很辛苦,却换来了现在的'一劳永逸'。这苦,真是值!"

2007 年底,我调到工务段机关,在质检科工作。每当段里有急难险重的活儿,现场总会有我的身影。2008 年,我进驻石太客运专线,负责测试东凌井线路车间的设备运行情况。寒冬腊月,我每天晚上在零下二三十度的环境下检测设备运行,冒着凛冽的寒风,用冻僵的双手,写出了《论如何提高石太客专夜间作业质量》一文,为客专职工开展工作和夜间作业,提供了宝贵的参考。2012 年,在京广高铁联调联试期间,负责石家庄高速场、正定、定州、保定、徐水东站道岔精调的指导盯控工作。为此,我利用业余时间把高铁道岔图纸用白话标明每一处的实际尺寸,以方便作业。2012 年至 2013 年,我又受命远赴张集(张家口—集宁)、柳南(柳州—南宁)客运专线进行精调,并帮助南宁、百色、柳州、防城港 4 个工务段建立起客运专线的管理系统,受到了当地兄弟单位、北京铁路局领导的高度评价。石济客运专线开通前的精调期间,我每天奔波在现场 10 多个小时,根据现场作业的实际情况,研制出了适应现场作业的精调工具,提高了工作效率,同时对精调作业人员手把手进行指导并时刻盯控现场的作业流程和标准,经过动检车检测,各种考核数据都在达标线以上,高标准完成了精调任务。

◎吴国栋(中)进行业务指导

段领导看重我、信任我,要求我编写好段线路工作业指导书,我就用自己那不太熟练的"一指禅"和一副老花镜在电脑上写下了十几万字的作业指导书。之后,段将其发到了线路车间,用于指导线路工作业。我又马不停蹄地开始制定段维修体制改革的实施方案,每天都要深入车间工区开展方案培训,常常一去就是十天半月,夜以继日……2016年至2019年,段组织了新职大学生、新职班长、优秀劳务工、车间副主任,以及业务指导等11期培训班,让我在培训班担任技术顾问,与学员同吃、同住、同劳动,进行技术业务的全盯控培训。我发挥自身的技术技能特长,在传授技艺带徒方面积极发挥传帮带作用,将自己几十年来的工作经验倾囊相授,毫无保留地传授给徒弟和青年职工。看到自2000年以来助力段培训近百名青年职工取得工人技师或高级技师任职资格,并有50余人走上班组长以上工作岗位时,我心中感到由衷的欣慰。有耕耘就有收获,我用不断的努力,获得了路局首席技师、京铁工匠、路局先进生产者、路局优秀共产党员、石家庄工务段十大技术标兵、河北省及石家庄市技术能手等一系列荣誉。

◎吴国栋授课

滦县东站的历史故事

◎唐山车务段　张春江

今天要和大家讲的这个当地人口中的"老火车站",曾记录在李大钊的笔下。

滦河上有两座并排在一起的著名铁路桥,北边一座是京哈线上正在使用的滦河特大铁路桥,南边一座则是 1893 年由詹天佑设计建成的铁路大桥。尤其是南桥,虽然历经 120 多年河水的冲刷,仅剩六排出水两三米的桥墩,但坚如磐石、外形完好的墩体,依然印证着当年气压沉箱法保障桥体安全的能力。

与铁路南桥有着同样厚重历史的,还有位于桥西约两公里处的滦县东站。正是这座车站,见证了中国铁路一个多世纪的沧桑巨变,无数先烈在这里留下了自己的革命足迹,当地人都亲切地称它为"老火车站"。

滦县东站始建于 1892 年,是中国铁路历史最悠久的车站之一。最初选址在乾隆诗句"偏凉汀畔水,待我再凭流"盛赞的偏凉(汀)虚阁建站,距滦州城约 3 公里,民间俗称偏凉汀站,正式名称为滦州站。

李大钊祖籍在滦河下游的乐亭县,每次他来往家乡与津、京之间,都在滦州站换乘。在王士立先生撰写的《李大钊在河北活动编年》中记录:(1919年)7月20日,李大钊于当日晚乘火车离开北平返乡。21日,李大钊于滦州车站下车,雇一小舟顺滦河南下,黄昏后抵达大黑坨村……

1929年,滦州站更名为滦县站。1939年,车站西迁2.5公里至现址。1976年唐山大地震中,滦县县城毁坏严重,后复建车站于坨子头旁。2000年前后,滦县站改称滦县东站,原坨子头站取而代之,称作滦县站。

滦县东站早年曾是著名的车船转运站,现如今已经停办客运业务多年,昔日繁华已逝,今日忙碌依然。滦县东站承担着唐东地区货物转运的重担,尤其作为京哈通道上的有较大作业量的中间站,其承载的安全任务更是繁重而艰巨。

车站周边有司家营铁矿、庞大汽贸等大中型企业,常年担负着煤炭、石材、粮食等货物的发运任务。无论作业的数量和批次,都在北京局集团公司中间站中排在前列。

除了站内行调作业,滦县东站还担负着京哈线每日100多趟列车的接发车作业,每一趟列车都是车站安全的重中之重。

穿过车站楼道间,环顾职工点名室,仰望进站入口墙面上,随处可见的是滦县东站百年的历史文化展牌。"承百年文化积淀,畅运输安全通途"的车站精神早已深植于每个滦东人心里。浓浓的文化熏陶,带来的是每个人尽心尽责干好工作。

1919年8月31日,李大钊发表于《新生活》上的《五峰游记》中写有:"我们那晚八时顷,由京奉线出发,次日早晨曙光刚发的时候,到滦州车站。此地是辛亥年张绍曾将军督率第二十镇,停军不发,拿十九信条要挟清廷的地方。后来到底有一标在此起义,以众寡不敌失败,营长施从云、王金铭,参谋长白亚雨等殉难。这是历史上的纪念地。

车站在滦州城北五里许，紧靠着横山。横山东北，下临滦河的地方，有一个行宫，地势很险，风景却佳，而今作了我们老百姓旅行游览的地方……"

李大钊同志笔下的滦州站，虽然已变换了站址，但终究是一脉相承而来，带有革命印记且经历了百年风雨洗礼。随着铁路和社会经济的快速发展，在新时代的征程中，滦县东站前进的步伐更加矫健、更加稳重。

2021 年是中国共产党成立 100 周年，滦县东站的青年一代以自己的方式为党的百年华诞献礼。车站在开展好党史、国史学习教育上持续下功夫。学习中，注重结合实际，专门制

◎张春江讲述百年滦县东站的故事

作了题为《百年党史百年滦东》的专题党课，并组织全体青年开展党史知识竞赛活动，提高了青年知党爱党的情怀和精神感悟，使全体青年做到学史明理、学史增信、学史崇德、学史力行，切实坚定理想信念，自觉做到党在心中。

结合运输任务攻坚、暑期专运万无一失、确保安全生产稳定、综治环治整治、站场环境卫生维护等工作实际，车站每月确定活动主题，组织青年奉献在日常，急难险重任务攻坚在日常，使"四史"学习得到了真正的实践。调车长杨雷在暑专运任务中执行任务的次数最多，休班参加暑专运的次数最多。连接员刘庆在暑专运期间，冒雨检查线路作业时，发现专用线燃 1 线路大门内方路基坍塌，通知车站及时进行抢修处理，为确保安全生产作出了突出贡献，受到了段和集团公司的通

令嘉奖。为打赢"两坚守，两实现"攻坚战，青年职工发挥了生力军和突击队作用。2021年，车站全年实现日均装车67.7车，日均卸车50车，货物累计发运145.4万吨，运输收入实现了10195.5万元，创下了货物发运量近年来的最好成绩。截至2021年底，车站实现连续安全生产18807天。

　　站在"两个一百年"的历史交汇点，滦县东站继承百年历史荣光，正以昂扬向上的精神风貌奋战在铁路运输生产第一线。相信在青年一代的不断努力下，滦县东站的历史会更加厚重，未来会更加辉煌！

◎今日的滦县东站

我的乘务经历

◎石家庄电力机务段　武国跃

1981年,我从部队复员分配到石家庄电力机务段,继承父亲的职业,成为一名光荣的机车乘务员。一转眼几十年过去了,回想当年,往事历历在目。今天就讲述一下自己的乘务经历和安全行车的几点体会。

掌握专业知识是做好本职工作的基础。入段后,我们集中在教育室,系统学习《铁路技术管理规程》、安全、机车电路、制动机等理论知识。面对这些陌生的知识,还有一大堆规章制度、电器代号、技术标准、设备参数等,难免觉得枯燥乏味,眼花缭乱。但我深知,要想成为一名合格的乘务员,完全胜任这项工作,就必须学懂弄通并熟练运用这些知识。当时,我刚20多岁,虽说是高中毕业生,文化基础并不扎实,可是我经历过部队的锻炼,有信心和毅力克服这些困难。我不断鞭策激励自己,在课堂上认真听讲,做好笔记,遇到难题就向老师请教,课后及时完成作业,利用业余时间默记电路图、背诵规章制度。在检修车间各班组实习期间,认真学习检修流程和技术标准,加深了对主要电气设备和制动机性能的了解。由于在学习上对自己高标准严要求,我在结业考试中取得了优良成绩。

一年多后，我终于登上韶山1型电力机车，成为一名学习副司机。每当我坐在宽敞明亮的驾驶室，在太行山间穿越驰骋，自豪感和责任感便油然而生。那时还是包乘制，为了防止漏乘，每次出乘前都要去固定的地方看出勤点儿。值乘中除了跟师傅学习走行部检查、呼唤应答、走廊巡视、排除故障外，退勤前还要认真擦拭保养，确保机车质量，这些看似简单重复的工作丰富了我对乘务生活的感性认识。

过去曾流传一段顺口溜"离地三尺三，赛过活神仙"，这是形容蒸汽机车司机的。虽然电力机车的工作环境和劳动强度都有了很大改善，但是乘务员作息不规律，披星戴月、寒来暑往、顶风冒雪、熬夜超劳都是常态，即便这样，跑车的师傅们对工作也没有丝毫懈怠。

司机赵师傅家在农村，上下班道路不畅且距离很远，每次出勤都会提前来到运转室，仔细抄录揭示命令和施工信息，上车后认真检查机械间，按操作规程进行各项试验。行车时精神集中，紧盯前方平稳操纵。有一次上行牵引列车，赵师傅在后部瞭望时发现一辆车走行部冒烟，立即给车站值班员飞条报告，在下一站停车后，发现该车手制动机没有松开，因此消除了一起安全隐患。赵师傅受到了段里的表扬和奖励，他对本职工作一丝不苟的严谨态度，给我留下深刻印象，是我学习的榜样。

有一次，井南下行刚出站，提速时调压开关卡位，眼看速度就降下来，司机师傅判断是26正反转换电控阀失灵，果断降弓断电，我跟着师傅往走廊跑，迅速打开高压室门，人工按压电控阀，使其恢复正常。由于师傅们判断准确，处理迅速，没有造成运缓。

我把行车中遇到的行车故障都记在本子上，认真了解故障原因和正确处理方法，不断学习和积累经验，为今后工作打下基础。我的体会是，遇到机车发生故障，首先要保持冷静，只要有足够的知识储备和丰富的实践经验，就能做出精准判断，及时排除故障，最大限度减少对正常行车秩序的影响。

考上副司机后，我对自己的要求更高了。当年遇到的几件事，至今记忆犹新。有一次下行牵引重车，正常行驶到程家与下盘石间隧道内上坡路段，列车突然发生非常制动，那时候已经取消守车，可以排除人为原因。我和司机判断是后部车辆问题，隧道里一片漆黑，我立即拿上手电筒踩着石砟往后跑，隐隐听到嘶嘶的漏气声，越走声音越大。果然在机后十几米处发现车辆软风管爆破，关闭折角塞门后，我迅速往前跑，取出管钳摘下机车前端风管，又快速跑回去换下破损的车辆风管。跑了两个来回，我已是满头大汗。能在最短的时间内恢复列车正常运行，虽然累，我却感到很欣慰。

工作严谨细致、认真负责是做好乘务工作的基本要求。一天深夜，跑车回来，我在地沟擦车，经过一个抱轴箱时，面部有烘烤的感觉，用手一摸，轴箱温度偏高。此时，地勤司机已检查完毕，在黑板的检查记录上也已画了对钩，我把发现的情况立即告诉了这个师傅。最终，这台机车因抱轴瓦过热入库检修，避免了可能发生的事故，车间领导在乘务员学习会上对我提出了表扬。

我的工作表现得到车队的认可，领导安排我给一位刚单独上岗的司机"保驾"。有一次，上行牵引重车驶进上安站，出站信号显示红灯，司机把机车停在运转室位置。不一会儿，出站信号显示绿灯，司机一缓解制动机，列车就往后溜。原来，后面的大部分车辆都处在上坡道上，列车启动非常困难。司机制动充风缓解压钩慢慢进级，经过手忙脚乱的一番操作，列车总算缓缓启动，险些造成坡停事故。事后反思自己，如果我对运行区段的线路情况有所了解，及时提醒司机，就不会出现这样的问题，所以这件事我也有责任。同时也说明自己在行车知识方面还有很多不足，让我领悟到学无止境的道理。

遵章守纪、认真瞭望是确保行车安全的必备条件。20 世纪 80 年代，石太线还没有车机联控系统，机车上只有自动信号机和自动停车装置。按照规定,行车途中仍以地面信号为主。有一次下行进乱流车站,进站信号显示绿灯,行驶到站内时呼唤应答确认出站信号绿灯,接近出站时信号突然变成红灯。面对突如其来的险情,我和司机都站了起来。在司机紧急制动的同时,我也按下紧急制动按钮。随着一阵刺耳的响声,机车在出站信号机前戛然而止,我们成功防止了一起列车冒进事故。

还有一次,一个冬天的拂晓,我们牵引列车准备进四场,预告信号显示红灯,但是停车两分钟后仍未显示行进信号。司机是一位老师傅,我俩判断不是前方区间内有列车或其他障碍物,就是信号机发生故障。我们按规定以遇到障碍能随时停车的速度缓缓行驶,接近四场进站信号前是一段逆时针方向的大弯道,所以瞭望距离非常短。我站起来,两眼紧贴前窗,突然发现四场机外停着一台单机,我立即呼喊:

◎机车乘务员武国跃与机车合影留念

"停车!"列车在距离前方机车五六十米的地方停下,成功避免了一起列车追尾事故。

安全生产无小事,乘务员的责任非常重大。要时刻牢记并严格遵守规章制度,紧绷安全生产这根弦。人身安全和行车安全,不仅事关国家和人民的利益,也直接关系到自己的家庭生活。

如今我已退休,我要把好的技艺、作风、传统传授给青年一代,教育他们继续发扬老前辈的优良传统,传承爱岗敬业、忠于职守的职业精神,为新时代的铁路事业作出应有的贡献。